Helmut Pfeifer

Der Glückmacher

Helmut Pfeifer

Der Glückmacher

Gebrauchsanweisung für ein gelungenes Leben

Bibliografische Information der Deutschen Nationalbibliothek:
Die Deutsche Nationalbibliothek verzeichnet diese Publikation in der Deutschen Nationalbibliografie; detaillierte bibliografische Daten sind im Internet über http://d-nb.de abrufbar.

Für Fragen und Anregungen:
helmutpfeifer@mvg-verlag.de

1. Auflage 2010

© 2010 by mvg Verlag, ein Imprint der FinanzBuch Verlag GmbH, München,
Nymphenburger Straße 86
D-80636 München
Tel.: 089 651285-0
Fax: 089 652096

Alle Rechte, insbesondere das Recht der Vervielfältigung und Verbreitung sowie der Übersetzung, vorbehalten. Kein Teil des Werkes darf in irgendeiner Form (durch Fotokopie, Mikrofilm oder ein anderes Verfahren) ohne schriftliche Genehmigung des Verlages reproduziert oder unter Verwendung elektronischer Systeme gespeichert, verarbeitet, vervielfältigt oder verbreitet werden.

Umschlaggestaltung: FinanzBuch Verlag
Satz: Manfred Zech, Landsberg am Lech
Druck: GGP Media GmbH, Pößneck
Printed in Germany

ISBN 978-3-86882-153-6

Weitere Infos zum Thema:

www.mvg-verlag.de
Gerne übersenden wir Ihnen unser aktuelles Verlagsprogramm

Inhalt

Vorwort	9
Einleitung	13
GLÜCKMACHEN – die Grundlagen	**19**
Leben als Mittel zum Zweck	19
Die ganz normale Geschichte von Hans Normalo	20
Materielle Glückserfüllung ist nicht möglich	24
Unser Gehirn	28
Was ist wahr?	33
Sinn und Zweck von Gefühlen	34
Schlechte Gefühle managen	37
Der genetische Pessimist in uns	43
Unser Urzeitleben	45
Die Sichtweise der Glücksgefühle	49
21 Glücksaktivitäten	**53**
1. Glücklich durch Selbstliebe	53
2. Glücklich durch bedingungslose Liebe	55
3. Glücklich durch Leben im Hier und Jetzt	58
4. Glücklich durch vollkommene Hingabe	69

5. Glücklich durch die neue Sichtweise der Stimmigkeit 73
6. Glücklich durch die neue Sichtweise der Beliebtheit 76
7. Glücklich durch Eigenverantwortung 78
8. Glücklich durch Lachen, oder wenigstens Lächeln 82
9. Glücklich durch die richtigen Fragen 84
10. Glücklich durch das Vermeiden von Grübeleien 87
11. Glücklich durch Hilfsbereitschaft und Freigiebigkeit 89
12. Glücklich durch Dankbarkeit 92
13. Glücklich durch Optimismus 96
14. Glücklich durch soziale Beziehungen 99
15. Glücklich durch Sport 101
16. Glücklich durch Religion und Spiritualität 104
17. Glücklich durch Sinn 105
18. Glücklich durch klare Ziele und Visionen 110
19. Glücklich durch Sex 120
20. Glücklich durch Berührung 120
21. Glücklich durch den Genuss der Freuden des Lebens 122
Zusammenfassung der Glücksaktivitäten 123

Das Manifestieren – Ihr Weg zum Glück **137**
Bewusstsein – Unterbewusstsein 137
Mentaler Exkurs 144
Das Lebensfeld 147
Die Informationen im Lebensfeld 154
Raum, Zeit und Glück 156
Die Wirkung einer Intention 159
Manifestieren und Erschaffen 161
Manifestieren – der Prozess 169
Die praktische Umsetzung 184
Das GLÜCKMACHEN leben 197

Glücksstudien **201**
Die soziodemografischen Parameter 201
Der Glückszustand der Befragten 204

Was fehlt zum Glück? 205
Macht Geld oder Wohlstand glücklich? 206
Auswirkung der Finanzkrise auf das Glücksempfinden 206
Kann jeder sein eigenes Glück erschaffen? 206
Beschäftigung mit dem Thema Glück 207
Investition in ein Glücksseminar 207
Seminarthemen 209
Glück im Zusammenhang mit Schulbildung,
    Familienstand und Arbeitsverhältnis 211
An welchem Ort sind wir am zufriedensten? 214
Zum Abschluss 215

Literaturverzeichnis **217**

Danksagung **219**

Vorwort

Dieses Buch handelt von nichts Geringerem als der Fähigkeit, sich selbst glücklich zu machen. Dieses Sich-glücklich-Machen geschieht unabhängig von äußeren Einflüssen, egal, ob jemand reich oder arm ist. Außerdem geht es im Glückmacher darum, wie jeder Mensch allein schon mit der richtigen Einstellung die eigene Zukunft gestalten kann. Zu diesem Zweck schreibt Helmut Pfeifer über die Kunst des erfolgreichen Manifestierens.

Aus meiner Sicht – der Sicht eines Schönheitschirurgen – kann ich nur sagen: Helmut Pfeifer liefert hier eine treffende Beschreibung für Schönheit und Glück, die von innen kommen.

Die Leser erhalten in diesem Buch 21 praktische und sofort nachvollziehbare Glücksaktivitäten, die ihre Sicht auf ihr Leben nachhaltig verändern können.

Wer sich dann noch an die Anleitungen zum Manifestieren hält und die sieben Schritte zurücklegt, die dazu nötig sind, der ist in der Lage, seine eigenen Glücksgefühle zu erschaffen. Selbst in der materiellen Außenwelt kann sich diese Manifestation dann zeigen.

Ich kann aus meiner 25-jährigen Tätigkeit als Schönheitschirurg nur bestätigen, dass Geld, Ruhm und gutes Aussehen alleine nicht glücklich machen.

In meiner Bodenseeklinik operiere ich jährlich tausend Menschen im Bereich der plastischen, ästhetischen und rekonstruktiven Chirurgie. Darunter befinden sich Menschen aller Altersklassen und aus allen gesellschaftlichen Schichten; von den »normalen« Angestellten bis hin zu absoluten Superstars und internationalen A-Promis.

Darunter sind also Menschen, die so erfolgreich sind, dass sie leben können, wie und wo sie wollen. Dennoch sind einige von ihnen noch immer nicht wirklich glücklich.

Ihnen fehlen ganz einfach die Schönheit und das Glück von innen.

Auf der anderen Seite gibt es natürlich viele Menschen, die unter einer geerbten »Reiterhose« oder einer »Hakennase« leiden, Frauen, die mit ihren zu großen oder zu kleinen Brüsten unglücklich sind. Besonders ist das der Fall, wenn diese Personen im Alltag ständig mit Ihrem Handicap konfrontiert werden. Diesen Menschen helfe ich. Ich gebe ihnen dann die Schönheit und das Glück von außen.

In Wahrheit stelle ich in meiner praktischen Tätigkeit als Schönheitschirurg immer wieder fest, dass gerade die intensive Beleuchtung des wahren Motivs für eine Schönheits-OP oftmals sträflich vernachlässigt wird. Und so arbeiten wir mit unserem Team schon seit Jahren an einer ganzheitlichen Betrachtung der Patienten. Denn auch wir wissen, dass die Mutter aller Motive heißt: Ich will mich wohler fühlen. Insoweit stellt dieses Buch eine wunderbare Hilfestellung für ein glückliches Leben und gleichzeitig eine tolle Ergänzung zu meiner eigenen praktischen Tätigkeit als Schönheitschirurg dar.

Nun wünsche ich Ihnen viele Glücksgefühle beim Lesen und vor allem beim praktischen Umsetzen!

Ihr Prof. Dr. med. Dr. habil. Werner L. Mang
BODENSEEKLINIK
Mang Medical One GmbH
Plastische, Ästhetische und Rekonstruktive Chirurgie
Graf-Lennart-Bernadotte-Str. 1
88131 Lindau/Bodensee
www.bodenseeklinik.de

Einleitung

Warum sind wir hier? Wo kommen wir her? Was ist unser Lebenssinn? Soll das Leben im Hamsterrad denn immer so weitergehen? Wieso können wir nicht einfach glücklich sein und uns wohlfühlen?

Das sind typische Fragen, die mir in meinen Seminaren immer wieder gestellt werden und die gleichzeitig auch mich mein Leben lang umgetrieben haben. Ist es möglich, aus diesem Wahnsinns-Karussell, genannt modernes Leben, auszubrechen und einfach ein glückliches Leben zu führen?

Ja, es ist möglich! Es ist möglich, sein eigenes Glück zu machen. GLÜCKMACHEN heißt, sich auf der einen Seite selbst glücklich zu machen, und zwar unabhängig von seinen Lebensumständen, und auf der anderen Seite, sich auf dieser Basis beliebige Umstände und Erfahrungen selbst zu erschaffen.

2001 ließ ich mir den Begriff »Mentalphysik« schützen. Nicht Glück ist machbar, sondern Glück und Erfolg sind wählbar, das war das Credo. Damals war ich mit dem Thema, mit der Kraft der mentalen Fähigkeiten sein Glück und seine Realität zu erschaffen, der Zeit voraus. Auf dem Markt floppte das Thema. Seitdem bin ich ständig dabei, es immer tiefer zu erforschen und meine Fähigkeiten dabei zu verfeinern. Im Prinzip liegt der Teufel, wie so oft, im Detail. Die richtigen Rädchen in Einklang zu bringen, das macht den Erfolg aus, die Summe der Kleinigkeiten. Die Essenz meiner Arbeit finden Sie in diesem Buch. Ich zeige Ihnen den Weg zum GLÜCKMACHEN auf. Gehen müssen Sie ihn allein. Dieser Weg erfordert Klarheit, Mut und Konsequenz. Den Mut, sich den Fragen des Lebens zu stellen, aus alten Normen und Strukturen aufzubrechen und wild zu sein, sein eigenes, glückliches Leben zu gestalten.

»Du machst ja sowieso, was du willst«, wird häufig vorwurfsvoll geschimpft. In Zukunft sollten Sie sich über eine Aussage wie diese freuen und sie als Kompliment auffassen. Wie sonst sollte Glück möglich werden? Wie sollten Sie glücklich werden, wenn Sie nicht tun, was Sie wollen? Sterben werden Sie letztendlich allein. Seinen eigenen, glücklichen Weg zu gehen bedeutet, viel, viel Selbstliebe zu entfalten. Und das hat überhaupt nichts mit Egoismus zu tun. Sich selbst aus den Bergen von Schuldgefühlen und Selbstmitleid zu befreien und mit einer neuen Leichtigkeit durchs Leben zu gehen, sein eigenes Glück zu machen, das hat nichts damit zu tun, die Erwartungen irgendwelcher Menschen zu erfüllen, sondern sich zunächst einmal selbst Rechenschaft abzulegen.

Was wollen Sie wirklich? Das Geld, das Sie angeblich glücklich macht? Das Haus, den idealen Partner, der Sie glücklich macht, das Auto, den Traumjob? Was Sie wirklich wollen, ist Folgendes: **Sie wollen sich einfach glücklich fühlen!**

Das ist der Grund, wieso Sie Ihren Hintern bewegen, um irgendetwas zu tun. Das ist der Grund, wieso Sie jetzt dieses Buch in Ihren Händen halten. Wunderbar hat es Maria von Ebner-Eschenbach ausgedrückt: »Man sollte nicht sprechen von der Kunst, glücklich zu sein, sondern von der Kunst, sich glücklich zu fühlen!« Aha, es geht also lediglich um das Gefühl! Es geht nicht darum, Glück in irgendeiner Form objektiv zu messen. Denn wenn wir diesen Versuch starten würden, wären wir bereits schon wieder auf dem besten Weg, unglücklich zu sein. Denn messen heißt vergleichen. Genau das, was die meisten Menschen tun: Sie vergleichen sich mit ihrem Nachbarn, mit den Schönen und Reichen in den Glanz-Magazinen und überhaupt mit allen, die scheinbar glücklicher sind als sie selbst.

Erfolg ist das Erreichen eines selbst gesteckten Zieles, so steht es im Wörterbuch. **Erfolgreich ist für mich, wer in der Lage ist, ein glückliches Leben zu führen!** Und dieses Glücksgefühl finden wir nicht in Dingen, in Autos, Bankkonten, Häusern oder in Lebenspartnern, die wir zur Funktion degradieren: »Bitte, mach mich glücklich und unterschreibe mir dieses Papier hier, damit du auch immer deine Funktion erfüllst und mich nie verlässt.« Ein solcher Deal ist von vornherein zum Scheitern verurteilt.

Wir müssen uns selbst finden, wir müssen unser Glück in uns selbst entstehen lassen. Solange wir die Erfüllung außerhalb von uns suchen, werden wir immer scheitern. Wir verlieren uns selbst in Dingen. Wer sich jedoch selbst gefunden hat, braucht sich außerhalb von sich nicht mehr zu suchen. Glücklich sein heißt, sich glücklich zu fühlen! »Liebe deinen Nächsten wie dich selbst«, bedeutet zunächst einmal, sich selbst zu lieben. Erst dann dürfen wir erwarten, dass auch andere uns lieben. Erst wenn wir uns selbst glücklich gemacht haben, können wir darauf vertrauen, dass andere uns bei unserem Glücksgefühl unterstützen. Erst wenn wir uns selbst lieben, können wir diese Liebe auch an andere weitergeben.

Es geht in diesem Buch nicht um irgendwelche Definitionen von Glück. Da gibt es sehr viele davon, es ist in der letzten Konsequenz eine philosophische Suche. Vergessen wir solche Definitionen und überlegen wir, was wir tun können, um uns ganz einfach glücklich zu fühlen.

Nun, sind Sie bereit für diese spannende Reise? Bereit, alte Denkstrukturen aufzugeben und Ihr eigenes Glück zu machen? Vom Abreißkalender Ihres Lebens haben Sie bereits etliche Seiten abgerissen. Nach dem Lesen dieses Buches liegt es einzig und allein an Ihnen, wie Sie den Rest Ihres Lebens bis zum unweigerlichen Ende verbringen. Glücklich erschaffend, bewusst und machtvoll oder unglücklich als unbewusstes, ohnmächtiges Opfer.

Dieses Buch besteht im Wesentlichen aus zwei Teilen. Im ersten Teil werde ich Ihnen nach ein paar einführenden Gedanken 21 sehr konkrete Glücksaktivitäten aufzeigen, die Sie sofort nachmachen und umsetzen können. Es handelt sich also nicht um allgemeines Philosophieren über das Glück, sondern um praktische Infos, konkret und sofort umsetzbar.

Im zweiten Teil erläutere ich Ihnen dann die Vorgehensweise des praktischen, auch sofort nachmachbaren Manifestierens. **Manifestieren ist der Ausdruck des Geistigen in Form von Materie.** Genau wie zum Thema des ersten Teils gibt es auch hierzu mittlerweile einiges an Ratgebern. Doch erst die Kombination aus beiden Teilen wird Ihnen den Erfolg bringen. Insofern ist dieses Buch zum heutigen Zeitpunkt einmalig. Sie werden lernen, wie Sie aus dem höllischen Hamsterrad ausbrechen können, um ein glückliches und leichtes Leben zu führen.

Wenn Sie sich an die Anleitungen halten, wird sich Ihre Sichtweise auf das Leben schon beim einfachen Lesen verändern. Hierzu sei deutlich eine WARNUNG ausgesprochen: Möglicherweise werden Sie nach dem Lesen dieses Buches nicht mehr derselbe sein. Ihre Wertvorstellungen und Normen dürften sich verändern. Sie werden bewusster. Das Lesen dieses Buches ist ein Bewusstseinstraining! Wer genau so bleiben möchte, wie er ist, weil einfach alles perfekt ist, der sollte dieses Buch schnell zur Seite legen. Wer bereit ist, sein Denken und seine Glaubenssätze einmal zu hinterfragen, mit der

Konsequenz, dass sie sich auch ändern könnten, und mit der Folge, dass sich auch das Leben ändert, für den ist dieses Buch genau das Richtige.

Damit wünsche ich Ihnen viel Freude beim Lesen – und viel Glück!

Ihr Helmut Pfeifer

GLÜCKMACHEN – die Grundlagen

Leben als Mittel zum Zweck

Betrachten wir zuerst unsere Lebensgeschichte, die wir normalerweise als ein Mittel zum Zweck behandeln. Damit aber wird unser Leben zur Hölle, regiert vom Verstand, der scheinbar nie stillsteht und sich im Wesentlichen mit Problemen beschäftigt. Er gibt keine Ruhe und lässt sich offensichtlich nicht abschalten. Er identifiziert sich mit allen möglichen Dingen und lässt uns glauben, dass wir ein Teil dieser Dinge sind. Die Hölle, von der so oft die Rede ist, ist etwas, das wir uns selbst machen. Indem wir gegen unsere Gefühle handeln. Indem wir Dinge tun, die wir eigentlich überhaupt nicht tun wollen. Indem wir Gott und die Welt um ihre Meinung fragen. (Stellen Sie zehn Leuten die gleiche Frage und Sie erhalten zehn unterschiedliche Meinungen.) Indem wir uns mit allem und jedem vergleichen und uns nicht trauen, ein qualitativ wertvolles Leben zu führen. Betrachten wir ein Standardleben, exemplarisch nacherzählt anhand des Lebens von Hans Normalo.

Die ganz normale Geschichte von Hans Normalo

Der kleine Hans wird geboren, und bis zum Alter von ein bis eineinhalb Jahren führt er ein glückliches Leben. Wenn Sie in die Augen vom kleinen Hans schauen, sehen Sie ewiges Leben, volles Bewusstsein, Konzentration im Jetzt, keinerlei Bewertung, Verurteilung oder den Drang, an dem, was ist, irgendetwas verändern zu wollen. Doch dann beginnt das Drama. Die Eltern fragen immer wieder: »Wer bist du?« Irgendwann kommt als Antwort: »Hans.« Die Eltern freuen sich: Juhu, der Bub weiß seinen Namen! Aber er ist noch nicht ganz Hans. Denn Hans hat sich noch nicht mit seinem Namen identifiziert. Er redet noch von sich in der dritten Person: »Hans hat Hunger, Hans hat Durst.« Nach einer Weile jedoch identifiziert sich Hans mit seinem Namen und sagt Ich zum Hans. Das Drama nimmt seinen Lauf. »Ich bin Hans!« Nun geht eine riesige Kiste auf mit der Aufschrift »Ich bin« oder »mein«. Alles, was in diese Kiste hineinkommt, kommt nicht mehr oder nur noch unter Schmerzen heraus. Denn mit all diesen Dingen identifiziert sich Hans, er verliert einen Teil seines Selbst an diese Dinge. Man könnte sich die Kiste vorstellen, als wäre sie mit Sekundenkleber ausgekleidet. Alles, was da hineinkommt, klebt augenblicklich fest und lässt sich nur noch schwerlich entfernen.

Man gibt dem kleinen Hans ein Spielzeug, und sofort verliert er einen Teil seines Selbst an dieses Spielzeug. Wenn man es ihm wegnimmt, gibt es ein großes Geschrei: »Das ist mein Spielzeug!« Man gibt es ihm wieder, um danach festzustellen, dass es dann doch schnell wieder in der Ecke liegt. Es ging also nicht um das Spielzeug, sondern darum, dass sich ein Teil von Hans in diesem Spielzeug verloren hat. Und auf diese Weise wird die »Ich bin oder mein«-Kiste weiter gefüllt. Mein Job, mein Geld, mein Haus, mein Auto und so weiter. (Wenn ich Ihnen sage, dass da draußen ein Auto weg ist, dann ist das kein Problem für Sie. Wenn jedoch Ihr Auto weg ist, wahrscheinlich schon eher, zumindest wenn Sie einen Teil Ihres Selbst an Ihr Auto verloren haben. Den meisten Menschen tut es weh, wenn sie erfahren, dass jemand einen Kratzer von vorn bis hinten in ihr Auto gemacht hat. Das ist doch Blödsinn, oder?

Aber es gibt nicht nur materielle Dinge, mit denen der heranwachsende und schließlich erwachsene Hans seine Kiste füllt. Weiter geht es mit: meine Frau, meine Kinder, meine Eltern. Wenn ich Hans die Frau wegnehmen will, bekomme ich ein Problem mit ihm. Wenn ich ihm sage, er sei doch kein Mann, wird er fuchsteufelswild. Oder wenn ich sage, er sei doch kein Deutscher. Aha, mein Geschlecht, meine Nationalität. Weiter geht es mit: mein Stolz, meine Titel, mein Ansehen – ein großer deutscher Unternehmer warf sich vor einen Zug, als sein Unternehmen in Schwierigkeiten lag. Er hatte sein Selbst komplett in seinem Unternehmen verloren.

Weiteres kommt in die Kiste: meine Ansichten, mein Gott, meine Macken, meine Krankheiten und anderes mehr. Jeder Therapeut weiß, wie schwer es ist, jemandem »seine Krankheit« zu nehmen. »He, das ist meine Krankheit! Was bin ich ohne meine Krankheit?« An dieser Kiste hat Hans schwer zu schleppen. Wenn er sich noch toppen will, wirft er darüber hinaus ein riesiges Packet an Schuldgefühlen hinein, dann wird es erst so richtig schwer.

Nun, Hans hat inzwischen einen Vollzeitjob, all seine »Ich bin oder mein«-Dinge zu bewachen und zu umsorgen. Was wäre Hans ohne all diese Dinge? Nichts? Nein, er wäre immer noch voll göttlichem Bewusstsein und wahrer glückseliger Präsenz. Aber das Drama geht natürlich weiter. Hans schreibt seine Geschichte fort in die Zukunft, er will ja, dass seine persönliche Lebensgeschichte ein Happy End nimmt. Seine Story soll ja gut ausgehen. Also hat Hans noch eine zweite Kiste geöffnet. In diese Kiste kommt seine Zukunft. Wenn ich erst einmal meine Schulden bezahlt habe, den Traumjob, das Traumhaus, den Traumpartner, den Traumwagen, meine Traumgesundheit oder mein Traumgewicht habe oder in Rente bin, dann will ich glücklich sein. Wenn mich endlich einmal meine Eltern anerkennen würden, wie ich bin, wenn meine Kinder, mein Partner, mein Chef, am besten die ganze Welt einmal anerkennen würden, wie toll ich bin, wenn ich endlich einmal in der Zeitung stehe, damit die ganze Welt mich anerkennt, dann will ich glücklich sein.

Und so läuft Hans durchs Leben und hat, weiß Gott, so richtig schwer zu schleppen. An irgendeiner Baustelle von all diesen Dingen ist immer etwas zu reparieren. Nun will er manifestieren, sich seine glückliche Zukunft erschaffen – und die Tür zur Erfüllung geht auf. Aber mit diesen beiden schweren Kisten kommt er nicht hindurch. Während Hans sich so abkämpft im Leben, wird er irgendwann vielleicht 75 Jahre alt und erkennt: Langsam wird es eng, dass ich mir mit meiner Happy-End-Kiste die Erfüllung und das Glück erschaffe. Er vergisst seine Happy-End-Kiste. Er sieht keine Zukunft mehr und redet nur noch von der Vergangenheit. Er wird starrköpfig, schimpft auf das Leben und wie übel ihm doch mitgespielt wurde, anstatt sich allmählich loszulösen und sich auf den kompletten Loslassprozess vorzubereiten. Denn selbst den Körper, und das spürt er allmählich, wird er nicht festhalten können und irgendwann loslassen müssen. Manche alte Menschen schaffen das. Sie wissen, dass sie Ihren Körper nicht festhalten können, und lassen ihn allmählich mental los. Bei ihnen erleben wir das Gegenteil von Starrsinn: einen tiefen Frieden, die Weisheit des Alters und Würde. Der Körper verblasst und sie scheinen wie von innen erleuchtet.

Leider ist das bei den wenigsten der Fall. Die meisten halten an ihrem Körper und an ihrer Happy-End-Kiste fest. Immerhin hat für die meisten Menschen die Happy-End-Kiste eine beruhigende Wirkung. Die Hoffnung stirbt ja bekanntlich zuletzt. Es könnte ja irgendwann in der Zukunft einmal besser werden. Wahrscheinlich ist das der Grund, wieso die Menschheit nicht kollektiv Selbstmord begeht. Die Happy-End-Kiste enthält die Illusion, dass irgendwann in der Zukunft einmal alles besser wird. Und so wird für die meisten Menschen der gegenwärtige Augenblick ein einziges Mittel zum Zweck, dass in einem zukünftigen Augenblick alles besser ist. So ist für viele Menschen der Job, eine Reise, der Sport, die Diät und alles mögliche andere lediglich ein Mittel zum Zweck, also eigentlich das ganze Leben. Der Verstand ist mit dem gegenwärtigen Augenblick nie zufrieden, da er alles kontrollieren kann, nur den gegenwärtigen Augenblick nicht. Deswegen will er ihm immer etwas hinzufügen oder etwas daran verändern und uns glauben lassen, dann wäre alles besser. Und so jagen wir immer irgendetwas hinterher und erschaffen uns meistens das gleiche Drama wieder. Da der Verstand die Zukunft aus der Vergangenheit heraus konstruiert, wiederholen wir immer wieder die gleichen Fehler. Auch wenn es schmerzt, es ist immerhin bekannt. Manche sagen Karma dazu.

Genauso problematisch ist die Angelegenheit bei Menschen, die alles haben, wie beispielsweise ein paar junge Popstars. Für sie gibt es einfach nichts mehr, was sie noch in die Happy-End-Kiste packen könnten. Sie sind jung, schön, reich, sie können leben, wo und wie sie wollen. Bei ihnen fehlt die Illusion, dass es mal noch besser werden könnte. Jetzt haben sie all diese Dinge, sie haben jedoch ihr Glück und die Erfüllung immer noch nicht gefunden. Viele solcher Menschen nehmen Drogen, trinken zu viel Alkohol oder springen von der Brücke.

Die Lösung kann nur darin liegen, sein Glück unabhängig von diesen Dingen zu machen. Sich nicht in der Vergangenheit oder in der Zukunft zu verlieren, sondern in den gegenwärtigen Augenblick zu kommen. Nichts gegen Planung. Nichts gegen die materielle Welt. Sie ist wichtig, aber nicht sooo wichtig, und sie kann uns vor allem kein Glück verschaffen.

Materielle Glückserfüllung ist nicht möglich

Im vorigen Kapitel konnten Sie lesen, dass wir unser Glück nicht im Außen finden können, sondern nur in uns selbst und im gegenwärtigen Augenblick. In Amerika wurde in einer Studie das Glücksempfinden von Querschnittsgelähmten und Lottomillionären untersucht. Erstaunlicherweise hatten beide annähernd das gleiche Glücksempfinden. Nicht sofort, aber nach einem Jahr. Die Glückskurve schnellte bei den Lottogewinnern nach oben, um sich nach etwa dreißig Tagen wieder in Richtung Ursprungslevel einzupegeln. Nach etwa einem Jahr war alles wieder ganz wie zuvor. Dieser Prozess funktioniert interessanterweise sowohl bei Glück als auch bei Unglück, nach einer Zeit gleicht sich alles auf das individuell normale Level an. Ansonsten könnten wir die vielen Unglücke und Leiden eines Lebens überhaupt nicht aushalten. Man sagt sich: Das kann doch nicht sein! Wir wollen doch alle im Lotto gewinnen, doch es bringt nach einem Jahr nicht mehr Glück, als würden wir querschnittsgelähmt sein. Also noch ein zweiter Versuch, um wirklich glücklich zu werden.

In einer weiteren Studie wurde das Glücksempfinden von chronisch Schmerzkranken und Lottomillionären verglichen. Wiederum das gleiche Ergebnis. Man kann also Schmerzen haben und glücklich sein oder Schmerz haben und unglücklich sein, ebenso wie man viel Geld haben kann und dabei glücklich oder auch unglücklich sein kann. Der Grund für dieses kuriose Verhalten liegt in unserer hedonistischen Anpassung, nach der wir uns in beiden Fällen (Glück und Unglück) emotional anpassen, ansonsten könnten wir das Leben kaum ertragen. Hedonismus ist eine in der Antike begründete philosophische Lehre, nach der das höchste ethische Prinzip das Streben nach Sinneslust und Genuss ist. Das hat allerdings eine fatale Konsequenz, denn: **Materielle Glückserfüllung ist nicht möglich!**

»Oh je, und wofür plage ich mich denn die ganze Zeit ab? Ich war doch der Meinung, dass ich glücklich wäre, wenn ich erst einmal meine Schulden bezahlt hätte. Soll ich denn als Bettler durchs Leben gehen, nicht mehr arbeiten und dabei so richtig glücklich sein?« Natürlich nicht, obwohl es sicherlich auch viele glückliche Bettler gibt.

Sie können sich den tollsten Ferrari kaufen, Sie werden nach kurzer Zeit einen noch tolleren Ferrari brauchen, um wieder kurzfristig Glücksgefühle zu erleben. Sie können in Ihr geilstes Traumhaus ziehen, mit Meerblick und Pool, Ihr Glücksempfinden ist nach kurzer Zeit wieder auf dem gleichen Level wie vorher.

Das sollte uns allen klar sein und wir sollten es uns dick hinter die Löffel schreiben. Materielle Glückserfüllung ist nicht möglich. Das bedeutet auch, sich aus dem Wahnsinn des Schneller, Höher, Weiter herauszubewegen und sich seinem Glücksempfinden auf andere Art zu nähern. Na endlich, wir kommen aus dem Hamsterrad heraus. Wenn da nicht noch die vielen Erwartungen wären, die an uns gestellt werden. Vom Lebenspartner, vom Nachbarn, von den Verwandten, von den Arbeitskollegen und vor allem von dem, was so allgemein gängig ist. Was das ist, zeigt uns die Werbung, die Regierung, die Kirchen ...

Ich selbst war absoluter Weltmeister darin, mein Glück im Außen, oder ganz einfach ausgedrückt, in Dingen zu suchen. Kaum hatte ich mein erstes kleines Haus, schon nach kurzer Zeit war ich darin nicht mehr glücklich. Also fing ich an, es umzubauen. Ein Fitnessraum musste her, eine Sauna musste eingebaut werden. Natürlich habe ich diese Dinge eine Weile benutzt, aber glücklich gemacht hat mich das nicht, im Gegenteil, ich musste das ausgegebene Geld natürlich auch wieder verdienen. Doch damit nicht genug. Das umgebaute Haus war es einfach nicht. Also habe ich ein anderes Haus gekauft, so etwa zehn Kilometer weiter. Jetzt aber richtig: 2000 Quadratmeter Land, 380 Quadratmeter Wohnfläche, 68 Kubikmeter Pool, Sauna, Whirlpool, parkähnlich angelegt mit Koi-Teich und Wasserfall. Einfach genial. Nach einem Jahr fing ich auch hier wieder an umzubauen. Fliesen, Fenster und einfach alles, damit es noch geiler wird. Ja, ich war schon der King (dachte ich). Damit mein Glückslevel hält, musste auch noch ein Porsche hinzu, ein Morgan +8, ein Renn-Porsche, ach ja, richtig, für mein Ego musste ich auch noch Rennen fahren. Porsche Carrera Cup und Porsche Super Cup. Doch wer erfolgreich ist, der fährt natürlich Ferrari, also musste der her. (Die Kiste habe ich allerdings nach vier Monaten wieder verkauft, war halt kein Porsche.)

Nachdem irgendwann einfach nichts mehr zu toppen war, musste es einfach an der armseligen Gegend liegen, dass ich immer noch nicht so richtig glücklich war. Also Umzug. In meinem Job kein Problem. Doch wohin? Wo gibt es die beste Lebensqualität? Ich war der Meinung, dass das am Bodensee der Fall sein muss. Also ein Haus am Bodensee gekauft, prompt das Bodenseeschifferpatent gemacht und ein Boot mit Liegeplatz gekauft. Das bekommen Sie am Bodensee schon fast geschenkt (kleiner Scherz). Ein tolles Boot, super zum Wasserskifahren, aber zu klein, um Leute einzuladen. Sie ahnen schon, was jetzt folgen musste. Eine Yacht musste her. Am besten mit Flybrigh. Das ist so ein Boot, das man zusätzlich quasi vom Dach aus fahren kann. Und so ging es weiter und weiter … In den letzten Jahren habe ich mich Schritt für Schritt von all den Ballastbausteinen getrennt, auch von meiner Frau, die den ganzen Wahnsinn mitgemacht hat.

Heute komme ich mir ein wenig vor wie Hans im Glück. An dem Märchen muss etwas dran sein, das wäre sicherlich einmal eine extra Untersuchung wert. Im Nachhinein betrachtet waren natürlich viele meiner Aktivitäten lediglich für mein Ego und mein Ansehen. Und ich kann Ihnen sagen, billig war das nicht, und in der Zeit, in der ich das nötige Geld dazu verdient habe, hätte ich besser in der Sonne gelegen oder an meiner Liebsten herumgespielt. Um so einen Wahnsinn zu beenden, braucht es Mut. Den Mut, das Fragen zu beenden: Was denken die anderen, was erwarten sie von mir?

Das alles heißt: Wir müssen uns auch mit dem Thema Eigenverantwortung auseinandersetzen und natürlich mit der absoluten Selbstachtung und Selbstliebe. Glücklich sein heißt, sich glücklich zu fühlen! Die Glückshormone sind messbar. Wenn materielle Glückserfüllung nicht möglich ist, worauf reagieren unsere Glückshormone dann?

Glückshormone reagieren auf Unterschiede. Fein, wir sollen uns also Unterschiede schaffen. Gut, dass das mal jemand schreibt. Wusste ich's doch, dass das mit dem Glück mit einem Partner nichts wird. Falsch, so ist es natürlich nicht gemeint. Was wir an den Tag legen können, ist etwas Askese, gepaart mit Willensstärke. Askese bedeutet nicht, sich selbst zu kasteien, sondern stammt aus dem Griechischen und bedeutet »Übung«. Glück lässt sich also üben.

Und Unterschiede zu schaffen, lässt sich auch üben. Wer jeden Abend einen super Rotwein trinkt, hat schnell kein Glücksempfinden mehr dabei. Wer sich dem Rotwein jedoch einmal einige Tage entzieht und sich dann wieder einen gönnt, wird wissen, welches Glück er empfindet. Viele kennen das, wenn ihr Auto einmal ein paar Tage in der Werkstatt war, sie vielleicht einen Leihwagen hatten und anschließend wieder ihren alten Wagen zurückbekommen: Wie viel Spaß haben sie dann damit!

Was folgt daraus? Gehen Sie so oft wie möglich raus aus dem Alltagstrott. Tun Sie gewohnte Dinge einmal anders. Gehen Sie einmal in ein anderes Restaurant. Schaffen Sie sich, wo irgend möglich, Unterschiede. Indem Sie sich bei allen möglichen Dingen selbst etwas entziehen, können Sie Glücksempfindungen erleben, wenn Sie es sich dann wieder gönnen. Auf diese Weise können Sie jeden beliebigen Level halten und kommen aus dem Schneller-Höher-Weiter-Wahnsinn heraus.

Fragen Sie sich ständig und überall: »Was könnte ich heute einmal anders machen?« Machen Sie die Augen auf und schauen Sie, was geboten wird. Ich lebe seit vielen Jahren mehr in Hotels als zu Hause. Früher hatte ich in den Hotels immer den gleichen Trott und meine ach so geliebten, eingespielten Rituale. Heute schaue ich einfach, was die Hotels sonst noch alles bieten (Wellness, Massagen) oder ich frage an der Rezeption, was die für Ideen gegen den Alltagstrott haben. Es findet sich immer etwas. Wer wirklich nichts findet, was ihm Abwechslung und damit Glücksgefühle schafft, dem ist nicht mehr zu helfen.

Unser Gehirn

Wenn das Glück nicht außerhalb von uns zu suchen ist, dann wohl innerhalb von uns. Aber wo? Betrachten wir zunächst einmal unsere Denkmaschine, unser Gehirn. Letzten Endes ist dieses Buch ja eine glücklich machende Bedienungsanleitung für unser Gehirn. Also sollten wir zumindest einmal eine grobe Vorstellung davon haben, was wir so täglich mit uns herumschleppen. Zumindest besitzt jeder von uns ein solches Gehirn. Wohl dem Menschen, der es auch benutzt.

Unser Gehirn ist ungefähr so groß wie zwei Fäuste, die wir aneinanderlegen. Es sieht von oben aus wie eine Walnuss, wiegt etwa 1300 Gramm und ist in einer Flüssigkeit stoßgedämpft gelagert. Da drin ist es dunkel, das Gehirn hat keine Ahnung, was da draußen so los ist. Damit es uns eine Vorstellung von der Welt der Illusionen da draußen liefern kann, bekommt es über einen Datenstecker eine Menge an Informationen geliefert. Diese Daten kommen im Wesentlichen über unser Rückenmark in Form von Bits an. Im Oszilloskop sieht man nur ein wirres Muster von Wellen. Hörbar gemacht können Sie von diesen Bits lediglich ein bip, bip, bip wahrnehmen. Es kommt eine Menge an Bits an. Bei ihrer Zahl ist sich die Forschung nicht einig: Es grassieren Angaben von 50 Millionen bis hin zu 4 Milliarden Bit pro Sekunde. Auf jeden Fall eine ganze Menge. Selbst wenn wir

GLÜCKMACHEN – DIE GRUNDLAGEN

bei der geringsten Zahl von 50 Millionen Bit pro Sekunde bleiben, ist das eine Unmenge. Zu viel, als dass wir diese Menge irgendwie bewusst verarbeiten könnten. Allein die Sinne, also Sehen, Hören, Fühlen, Riechen und Schmecken, liefern über 11 Millionen Bit pro Sekunde. Der Löwenanteil kommt dabei über das Auge. Die restlichen 39 Millionen liefern uns unsere Organe.

Was geschieht mit diesen Informationen? Zunächst einmal passieren sie unseren Verteidigungsmechanismus, die Amygdala, den sogenannten Mandelkern. Der sitzt in den Schläfenlappen. Hier wird online sofort herausgefiltert, was zum Beispiel unser Leben bedrohen könnte. Dann wird augenblicklich eine Handlung ausgelöst. Im Wesentlichen reagieren wir mit einem der drei klassischen Verhaltensmuster, nämlich Kampf, Flucht oder Erstarren mit allen möglichen Zwischenvarianten. Wenn also der Urmensch in eine für ihn lebensbedrohliche Situation geriet, übernahm der Mandelkern die Regie – und er tut es auch heute noch. Dann erfolgt der Adrenalinausstoß, die Denkblockade, und alle nicht zum unmittelbaren Überleben notwendigen Funktionen werden stillgelegt. So zum Beispiel die Verdauung, hier wird der Notabwurf vorbereitet (Angstschiss, Pferde können das während des Laufens, wir Menschen müssen das vorher erledigen).

Unser Leben ist jedoch in der heutigen Zeit real selten bedroht. Was sollen dann die vielen Informationen, wenn der Mandelkern sie also durchlässt und nichts mit ihnen macht? Nun, sie werden nach und nach gefiltert und nur das für uns Allerwichtigste an Informationen wird durchgestellt bis zum »Boss«, zur sogenannten Großhirnrinde. (Das ist übrigens das Plappermaul, das unentwegt auf uns einredet, alles bewertet und letztendlich doch nicht so viel zu sagen hat.) Auf dem Weg bis zur Großhirnrinde werden die allermeisten Informationen eliminiert, wie bei einem Unternehmen: Beim Boss kommt schließlich auch nicht alles an, sondern nur das Allerwichtigste. Es kommen sage und schreibe nur noch maximal 77 Bit pro Sekunde dort an. Wenn Sie diese Zahlen umrechnen, entspricht das, was wir bewusst vom großen Ganzen mitbekommen, in etwa der Größe eines Tischtennisballs, der irgendwo auf einem Fußballfeld, entsprechend den Gesamtbits, liegt. Also annähernd nichts. Und das, was wir mitbekommen, ist auch noch ganz individuell gefiltert.

Ja, wir leben wahrhaftig fast ausschließlich in einer individuellen Matrix. Wenn Ihnen das jetzt zu wenig vorkommt, dann testen Sie doch einfach, wie viele Informationen Sie in einer Sekunde bewusst mitbekommen. 8 Bit sind ein Byte. Das heißt 77 Bit pro Sekunde entsprechen acht bis neun Informationen pro Sekunde. Machen wir einmal gemeinsam folgenden Test: Sie sehen gerade das Buch und vielleicht noch irgendetwas im Hintergrund. Vielleicht hören Sie in der gleichen Sekunde bewusst noch irgendwelche Geräusche, Musik oder Stimmen. Also vielleicht drei Informationen pro Sekunde. Haben Sie bewusst noch etwas gerochen, geschmeckt, gefühlt, vielleicht Ihr Gewicht auf dem Stuhl oder Ähnliches? Bei vier bis fünf Informationen pro Sekunde ist ohne Bewusstseinstraining bei den meisten Menschen Schluss. Und wenn Sie zu viele Informationen mitbekommen würden, dann würden Sie durchdrehen. Sie könnten auch die Anzahl der Bits nach oben schießen lassen, indem Sie bewusstseinserweiternde Drogen nehmen. Na gut, dann sehen Sie halt andere Farben als der Rest der Welt (kleiner Scherz).

Was passiert nun mit den vielen Bits, wie werden Sie gefiltert und haben wir Einfluss auf diese Filter? Natürlich haben wir Einfluss darauf, denn sonst wären wir ja ohnmächtige Opfer. **Wichtig ist zunächst einmal die Erkenntnis, dass wir in unserer eigenen Box leben und absolut die Freiheit haben, selbst zu entscheiden, was wir aus den Bits machen.** Denn eins steht fest: Alles, was da ankommt, sind lediglich Bits, und es liegt absolut an uns, ob wir daraus zum Beispiel Ärger machen! Wenn Ihnen jemand etwas sagt, dann sollten Sie wissen, dass es sich um Schallwellen handelt, die im Ohr in Bits umgesetzt werden. Wenn Sie jemand komisch anschaut, dann handelt es sich um elektromagnetische Wellen, bei denen ein Teil in der Lage ist, den Sehnerv anzuregen. Wir können entscheiden, was wir daraus machen. Vera F. Birkenbihl schrieb vor vielen Jahren: »Wir sagen ja auch nicht, du ärgerst mich, sondern ich ärgere mich.« Es ist eine freiwillige Entscheidung oder auch einfach Missmanagement. Diese Zusammenhänge erläuterte ich vor Jahren meinen beiden damals halbwüchsigen Söhnen, mit dem Ergebnis, dass, wenn ich mich selbst ereiferte, sie von da ab zu mir sagten: »Sind doch nur Bits!«

Wie schon geschrieben, durchlaufen die Informationen eine ganze Reihe von Filtern. Betrachten wir sie nacheinander:

Einer ist der **Filter der selektiven, zielgerichteten Wahrnehmung**. Den kennt jeder, der sich zum Beispiel ein neues Auto kaufen will. Er vergleicht die Angebote, macht Probefahrten und hat sich irgendwann zum Ziel gesetzt: Das ist mein Auto, das will ich haben, das ist mein Ziel! Ab diesem Zeitpunkt fährt er über die Autobahn und sieht überall nur noch diesen Autotyp. Er wundert sich darüber, wie viele es doch davon gibt. Nun, die gab es auch vorher, nur dass sie vorher als unwichtig weggefiltert wurden. Als seinerzeit meine damalige Frau schwanger war, habe ich nur noch schwangere Frauen und Kinderwagen gesehen.

Ein weiterer **Filter** ist der **der Wahrnehmungsabwehr**. Dinge, die uns unangenehme Gefühle machen, nehmen wir nicht wahr, wir blenden sie zum Selbstschutz aus. Deswegen bekommt es der Lebenspartner oftmals nicht mit, wenn der andere fremdgeht, während der ganze Stadtteil Bescheid weiß. Liebe macht bekanntlich blind, das sagt schon ein Sprichwort. Die Eltern sehen oftmals nicht, was die eigenen Kinder treiben, weil sie sie lieben, sie müssen oftmals erst durch andere darauf aufmerksam gemacht werden.

Ein weiterer ist der **Filter der Perspektive**. Niemandes Augen liegen hinter den Augen des anderen und können somit dieselbe Perspektive haben. Wenn Sie einen wie auch immer geformten Gegenstand nehmen und befragen zehn Personen, was sie genau sehen, dann wird jede Person den Gegenstand etwas anders wahrnehmen. Gehen wir einmal 360 Grad um den Gegenstand herum und legen alle diese Bilder übereinander, so wird ein einziges Schwarz entstehen. Jeder hat zwangsweise seine eigene Perspektive.

Der nächste ist der **Filter der individuellen Simulation**. Dabei handelt es sich um die Simulation, die wir aus der Vergangenheit durch die Formel Wiederholung mal Gefühl gelernt haben. Berühmt wurde dieser Filter durch das sogenannte Prismen-Brillen-Beispiel. Hier bekamen Versuchspersonen eine Brille aufgesetzt, die so geschliffen war, das alles, was oben, nun unten, und alles, was links, nun rechts erschien. Wenn eine Versuchsperson eine solche Brille aufsetzt, dann wurde ihr sofort schwindlig und sie bekam Orientierungsprobleme. Bei Langzeitversuchen stellte sich allerdings heraus, dass die Probanden sich hervorragend mit einer solchen Brille orientieren konnten. Wenn Sie dann jedoch die Brille abnahmen, war wiederum alles verkehrt herum. Durch die Formel Wiederholung mal Gefühl wurde die Simulation nun neu angelegt. Die Frage, welche Wahrnehmung denn nun die richtige ist, bleibt eine philosophische.

Hinzu kommt noch der genetische Unterschied zwischen Mann und Frau, die jeweils unterschiedliche Filter haben. Wenn ein Mann und eine Frau durch eine Fußgängerzone gehen und hinterher gefragt werden, was sie so gesehen haben, sollte man nicht meinen, dass beide zusammen unterwegs waren. Wenn ich mit meiner Partnerin eine Tour durch die Fußgängerzone mache und wir uns bei einer Tasse Kaffee unterhalten, was wir gerade gesehen haben, dann können wir nur über uns selbst lachen. Während ich die tolle Herrenuhr und die schicke Verkäuferin mit ihrem Lächeln im Geschäft gesehen haben, hat sie ein tolles Armband und die modischen Schuhe der Verkäuferin bemerkt ...

Was ist wahr?

Wann ist denn bei einer solch individuellen Simulation der Außenwelt etwas wahr? Wahr ist eine Aussage, wenn sie mit der Realität übereinstimmt. Da es eine absolute Wahrheit nicht gibt, kann es sie nur in Bereichen geben, in denen Übereinkünfte über Gesetzmäßigkeiten getroffen wurden. Also zum Beispiel bei physikalischen oder mathematischen Gesetzen. Ich kann behaupten, der Tisch, an dem Sie sitzen, sei so und so lang. Sie können etwas anderes behaupten. Wenn wir unterschiedlicher Meinung sind, dann prüfen wir ganz einfach auf die Wahrheit hin. Wir messen mit dem Zollstock, weil wir beide uns geeinigt haben, die physikalische Größe der Länge in Metern und Zentimetern als wahr, als Übereinkunft anzunehmen. So gibt es auch eine ganze Menge an Regeln der Gesetzgebung, die wir als Übereinkunft, ob sinnvoll oder nicht, angenommen haben. Auch da gibt es dann ein Wahr oder Unwahr, ein Rechthaben oder nicht.

Problematisch jedoch wird die Angelegenheit, wenn jemand behauptet, dass seine Sicht der Dinge die unbedingt richtige wäre. Wenn jemand Ratschläge (auch das sind Schläge) gibt, oder sogar wenn jemand sagt, er sorge sich um jemanden. Das impliziert immer, dass derjenige meint, dass seine Sicht die richtigere wäre. Oder wenn jemand sagt, sein Gott wäre der einzig wahre Gott, oder: »Unser Gott ist der einzig wahre Gott und nicht eurer.« Die Auswüchse dieses Wahnsinns und Unglücks können Sie sich täglich in den Nachrichten betrachten, wenn Sie den Fernseher einschalten. Allein dieses Wissen, wie es in diesem Buch steckt, ist meiner Ansicht nach ein Beitrag zu Ethik, Toleranz und einen sinnvollen Umgang mit Andersdenkenden. Wenn wir Eigenverantwortung für unser Leben übernehmen und nicht mehr nach der Meinung der anderen fragen, wenn wir unsere Lebenssituation unabhängig von allen Erwartungen selbst gestalten – dann muss niemand mehr ausgegrenzt werden! Weil wir beschlossen haben, uns selbst glücklich zu machen und nicht mehr wie ein Schaf durchs Leben zu laufen. Wenn wir sogar anfangen, uns selbst zu lieben oder gar unsere eigene Göttlichkeit anzunehmen. Was gibt es jetzt noch für einen Grund für Rassismus, Neonazismus, Mobbing oder Diffamierung Andersdenkender? Ein friedvoller Umgang miteinander wird möglich. Die Erkenntnis der vielen Filter und der subjektiven Wahrnehmung werden wir fürs GLÜCKMACHEN und Manifestieren später noch nutzen. Vor einigen Jahren war ich noch der Meinung, unterschiedliche Sichtweisen ließen sich durch eine einfache Diskussion in Übereinstimmung bringen. So sagte ich einmal zu meiner Schwiegermutter: »Du, ich akzeptiere und toleriere, dass du eine andere Sicht der Dinge hast, vielleicht kannst du akzeptieren und tolerieren, dass ich eine andere Sicht der Dinge habe!« Es war unsinnig, heute probiere ich es nicht mehr und lasse andere Sichtweisen meinerseits einfach zu.

Doch zurück zu den Bits. Sie spüren ja jetzt im Augenblick hoffentlich Ihre Galle nicht. Dennoch liefert sie Ihnen unentwegt Bits. Was jedoch wäre, wenn Sie Ihre Galle bewusst spüren würden? Dann wäre das eine Information, von der Ihr Gehirn der Meinung wäre, dass der Boss, Ihre Großhirnrinde, sie nun einmal wissen sollte. Warum? Weil etwas nicht stimmt, er soll etwas unternehmen. Dafür sind die Informationen da: damit wir bewusst etwas fühlen und unternehmen. Das ist auch der Grund dafür, dass Menschen, die bewusster werden, häufig solche »Geburtswehen« haben. Bei Bewusstlosigkeit spüren wir keinen Schmerz. Es geht also darum, etwas zu tun, zu handeln. Und damit kommen wir dem Sinn und dem Zweck von Gefühlen auch schon näher.

Sinn und Zweck von Gefühlen

Wenn Sie also Ihre Galle bewusst spüren, dann erhalten Sie diese Information, damit Sie gefälligst etwas unternehmen. Wenn Sie ein bestimmtes Drücken im Bauch bewusst erleben, dann sollen Sie etwas unternehmen und zum Beispiel auf die Toilette gehen. Bei bestimmten Wahrnehmungen essen oder trinken Sie etwas. Wenn uns also eine Emotion, eine körperliche Reaktion bewusst wird, dann ist das eine Aufforderung zum Handeln. Gefühle, die wir verspüren, sollen eine Handlung auslösen!

Das ist relativ klar bei den einfachsten Gefühlen, die uns zum Essen, Trinken, zum Toilettengang und Ähnlichem veranlassen. Genauso verhält es sich jedoch auch mit allen anderen Gefühlen: »Ich bin voller Hass, Minderwertigkeitskomplexen, Schuld, Eifersucht, ich könnte den umbringen ...« Im Allgemeinen geben wir gerade bei Letzterem der Aufforderung zum Handeln nicht nach, so schnell bringen wir niemanden um. In der Regel unterdrücken wir die Gefühle, wir drücken sie wie einen Ball unter Wasser. Dass es sich dabei um reinen Masochismus handelt, ist logisch. Irgendwann platzt solch ein Gefühlsball aus dem Wasser wieder hervor, und es gibt entweder eine Implosion (Magen-Darm-Geschwür, Herzinfarkt, Burnout) oder eine Explosion (plötzlich hat mal wieder jemand seine ganze Familie ausgelöscht und hinterher sich selbst, das passiert sogar schon bei jungen Menschen, da gibt es genügend Beispiele in den Medien).

Sehr schön wurde diese Problematik im Spielfilm *Falling down* gezeigt. In diesem Film wird Michael Douglas als biederer Familienvater mit Hornbrille und Bürstenhaarschnitt dargestellt. Er geht treu und brav seiner Arbeit nach und drückt seine Gefühlsbälle unter Wasser. Eines Morgens auf dem Weg zur Arbeit passiert es. Er gerät in einen Stau. Baustellenlärm, Hupkonzert und zu allem Überfluss befindet sich noch eine Wespe in seinem Auto. Das reicht. Sein Gefühlsball platzt hervor. Er steigt aus dem Auto, geht zu Fuß in die Stadt, bewaffnet sich und legt anschließend einen halben Stadtteil nieder. Man kennt aber auch die Beispiele, bei denen es keine Explosion, sondern eine Implosion gibt. Da ist der 35-jährige Manager, der meint, er müsse jetzt einen Marathon laufen, und bei Kilometer 15,8 fällt er plötzlich tot um.

Um die Angelegenheit auf den Punkt zu bringen: Sie haben in der Regel weniger Probleme mit Sachangelegenheiten. Die wahren und tieferen Probleme sind die zwischenmenschlichen. Ich behaupte: Sie werden kaum einen Menschen finden, über den Sie sich nicht schon geärgert haben oder von dem Sie nicht schon enttäuscht wurden – und sei es Ihr bester Freund, Ihre beste Freundin! Häufig hegen wir Groll, werden enttäuscht, werden betrogen, erklären andere für schuldig, fühlen uns als Opfer und können deshalb nicht mehr schlafen. Kurzum, unser Glücksgefühl tendiert faktisch gegen null. Und genau hier ist der eigentliche Hund begraben. Dieser Groll, den wir empfinden, der uns in die Opferrolle bringt, dem wir anscheinend ohnmächtig ausgeliefert sind, der macht uns unglücklich. Logischerweise sind Menschen, die schon einmal laut ihre Meinung herausbrüllen, besser dran. Aber wo können wir das schon machen und wer ist ein Typ dafür? Wer schreit schon seinen Chef an? Diese Gefühlsbälle sind da, und sie können uns jegliches Glücksempfinden rauben.

An dieser Stelle einmal ein Beispiel aus meinem eigenen Erleben: Eines meiner Muster und Programme basierte auf Ehre und Hilfsbereitschaft. Das Ergebnis war, dass ich häufig genug ausgenutzt wurde. Im konkreten Fall hatte ich mich auf eine mündliche Aussage verlassen. Ein Bekannter schuldete mir 35 000 Euro. Er wollte sie nicht zurückzahlen, ich hatte alles Erdenkliche unternommen, hatte jedoch rechtlich keine Handhabe. Dass in einer solchen Situation die Gefühlswelt bei mir voller Groll war, ist leicht nachzuvollziehen. Der erste Hilfeschritt, den ich nun einleitete, war, loszulassen. Nach dem Motto: »Hake es ab, es ist sein schlechtes Karma, was er sich aufbaut, die ausgleichende Gerechtigkeit wird schon siegen.« So weit, so gut. Wahrhaftig kam die entsprechende Summe auch wieder zu mir, jedoch auf völlig anderem Wege. Das Gefühlsproblem jedoch war noch da. Ich lag abends im Bett, wollte einschlafen und musste an dieses Sackgesicht denken, während er vermutlich in Ruhe schlafen konnte, mitsamt meiner Kohle.

Nun, der nächste Schritt, so dachte ich, wäre Vergebung. Also suchte ich ein Gespräch mit ihm, benannte die Angelegenheit und sagte ihm, dass ich ihm vergebe. Meine Gefühlswelt beruhigte sich für einige Tage, und dann war der Groll wieder da. In einem Buch hatte ich gelesen, dass eine schriftliche Vergebung in Briefform helfen soll. Also gut, dann eben schriftlich. Ich nahm meinen besten Füller, mein schönstes Wasserzeichenpapier und schrieb einen Brief, so schön, wie ich irgend schreiben konnte. Ich beschrieb die Angelegenheit und vergab schriftlich. Mein Gefühl besserte sich, jedoch auch nur für etwa eine Woche, dann war der Groll wieder da. Ein Freund gab mir den Tipp, ich sollte doch ein Ritual daraus machen, nämlich alles aufschreiben, es dann in einem Feuer verbrennen und dabei mit Salbei bestreuen. Die gesamten Emotionen gingen »ins Feld« und würden sich endgültig auflösen. Das musste es jetzt endlich sein! Noch am selben Abend machte ich mein Ritual. Lachen Sie nicht, wenn auch hier der Effekt nur von kurzer Dauer war. Was war hier los? Über diese Frage dachte ich wochenlang nach, bis mir dämmerte, dass all das, was ich gemacht hatte, alles Mögliche war, nur keine Vergebung. Es war nichts anderes als eine arrogante Schuldigmachung des anderen. »Du hast das und das getan, aber in meiner göttlich großen Güte und Gnade lasse ich Gnade vor Recht ergehen.« Aha, wenn ich den anderen schuldig mache, dann bekomme ich keine guten, sondern schlechte Gefühle. Wahre Vergebung hat mit Liebe zu tun. Sich selbst auch im anderen zu erkennen, ist eine wahrhaftig spirituelle Erkenntnis. Liebe deinen Nächsten wie dich selbst, fängt ja auch mit uns selbst an. Die Selbstliebe ist elementar wichtig, um sich glücklich zu fühlen. Wichtig ist an dieser Stelle, dass wir lernen, unsere Gefühle zu managen.

Schlechte Gefühle managen

Wenn wir schlechte Gefühle haben, bleibt uns nichts anderes übrig, als uns selbst zu coachen. Hierzu möchte ich Ihnen zwei Wege vorstellen, die hervorragend dazu geeignet sind. Es ist jederzeit möglich, durch einen einfachen Wechsel der entsprechenden Sicht, sich aus seinem Unglücksdilemma zu befreien und eine Glückssicht einzunehmen. Methode Nummer eins:

Die WAKS-Methode

Diese Methode habe ich aus den Erkenntnissen von H. Sedona, die Hale Dwoskin in seinem hervorragenden Buch *Die Sedona-Methode* beschreibt, entnommen und auf einen im Alltag leicht anwendbaren Weg gebracht. Sedona beschreibt die emotionale Welt wie einen Baum mit Ästen und Wurzeln. Die individuellen Gefühle und Gedanken lassen sich herunterbrechen auf emotionale Äste, die da lauten: Frieden, Angst, Wut, Stolz, Lust, Traurigkeit, Akzeptanz, Apathie, Mut und so weiter. Diese Äste sind am Baum, der zudem drei Wurzeln hat mit den Namen: Wunsch nach Annerkennung, Kontrolle und Sicherheit. Daher meine Abkürzung WAKS. Und nun das Tolle: Man kann negative Emotionen einfach wegWAKSen.

> **Übung**
>
> **Die WAKS-Methode gegen negative Gefühle**
>
> Nehmen Sie irgendein negatives Gefühl, das Sie unglücklich macht. Am besten Sie erinnern jetzt gleich eins und probieren die Methode damit aus. Geben Sie diesem Gefühl keinen Namen und bewerten Sie es nicht, sondern betrachten Sie es einfach. Es ist ohnehin lediglich Chemie und eine Information für Sie. Nun beantworten Sie ehrlich folgende Frage für sich: »Resultiert dieses Gefühl, das ich zu dieser bestimmten Situation habe, aus einem Wunsch nach Anerkennung, Kontrolle oder Sicherheit?« Wenn Sie ein wenig nachdenken, dann merken Sie schnell, dass einer der drei Wünsche dominiert.
>
> Nun kommt die entscheidende Frage: »Bin ich bereit, auf diesen Wunsch (nicht die Sache, sondern lediglich den Wunsch) zu verzichten, ihn loszulassen?« Wenn ja, dann machen Sie es jetzt sofort und sagen Sie: »Ich verzichte auf diesen Wunsch, ist mir doch völlig egal.«

GLÜCKMACHEN – DIE GRUNDLAGEN

Übung

Am besten, Sie machen dabei noch mit einem Arm und einer Hand eine Wegwerfbewegung. Wenn Sie definitiv auf den dem Gefühl zugrunde liegenden Wunsch verzichten, sollten Sie augenblicklich eine erleichternde Veränderung Ihres negativen Gefühles verspüren. In vielen Fällen ist das Gefühl sofort komplett verschwunden.

Wenn sich Ihr Gefühl in Richtung Erleichterung verändert, jedoch noch nicht vollkommen verschwunden ist, dann machen Sie so gleich weiter: »Liegt unter meinem veränderten Restgefühl der Wunsch nach Anerkennung, Kontrolle oder Sicherheit?« Möglicherweise stellt sich jetzt ein anderer Wunsch ein, jedoch auf einer tieferen Ebene. Dann verzichten Sie auch auf diesen Wunsch. Auf diese Weise fahren Sie fort. Es kann bei alten, hartnäckigen, negativen Gefühlen sein, dass Sie vielleicht zehn oder zwölf Durchgänge benötigen, um die Angelegenheit und damit das Leiden endgültig zu beenden. Ein und derselbe Wunsch kann auf verschiedenen Ebenen immer wieder auftauchen, jeweils in einer anderen Qualität. Wenn Sie es partout nicht fertigbringen, Ihren Wunsch nach Anerkennung, Kontrolle oder Sicherheit loszulassen, dann können Sie versuchen, wenigstens jetzt, für diesen Augenblick Ihren Wunsch loszulassen. Das sollte Ihnen gelingen und Erleichterung verschaffen. Wenn Sie diese Erleichterung verspüren, dann wissen Sie, woher Ihr schlechtes Gefühl kommt, und können es kurze Zeit später noch einmal versuchen, komplett loszulassen.

Unabhängig vom Bearbeiten von »Altlasten« ist die WAKS-Methode ein hervorragendes Alltagsinstrument. Nebeneffekt des Arbeitens mit WAKS ist, dass Sie wesentlich bewusster werden und gleichzeitig aus der Opferrolle herauskommen.

Wir denken, je nach Studie, zwischen 60 000 und 80 000 Gedanken am Tag. **Die Gedanken direkt zu kontrollieren, ist fast unmöglich. Aber wir können die Wirkung der Gedanken kontrollieren.** Und das sind nun einmal zunächst Gefühle! Wenn wir jedoch das Management über unsere Gefühle übernehmen, dann nehmen wir auch die Regie über unser Leben selbst in die Hand.

Da bin ich zum Beispiel mit meinem Auto unterwegs und erhalte einen Anruf, mit dem ein für mich wichtiger Termin abgesagt wird. Sofort stellt sich ein schlechtes Gefühl ein und ich frage mich:»Was war das jetzt? Der Wunsch nach Annerkennung, Kontrolle oder Sicherheit? Aha, Kontrolle. Mir ist etwas widerfahren, was ich nicht kontrollieren konnte. Pfff, da lache ich aber darüber! Auf diesen Wunsch verzichte ich jetzt sofort. Mein Gefühl wird leichter, aber es ist noch nicht weg. Was liegt noch darunter? Aha, Wunsch nach Sicherheit. Logisch, an dem Termin hing auch indirekt Geld. Also verzichte ich auch sofort auf diesen Wunsch. Ich bin wieder glücklich.« Natürlich ändert dieses Vorgehen nichts an der Tatsache, dass der Termin storniert ist. Aber meine Gefühle manage ich selbst und leide wegen so etwas nicht. Die ganze Aktion hat übrigens höchstens eine halbe Minute gedauert und geht so nebenher beim Autofahren.

Oder ich gehe zu einem meiner Vorträge Richtung Bühne an drei Herren, die an einem Stehtisch stehen, vorbei und höre so nebenher: »Mal schauen, was der so bringt.« Sofort stellt sich ein schlechtes Gefühl ein. Während ich weitergehe, WAKSe ich und stelle fest: Aha, Wunsch nach Anerkennung. Ich werfe diesen Wunsch weg und bin sofort wieder glücklich und frei. Dauer des Ganzen: Fünf bis zehn Sekunden.

Indem Sie immer häufiger WAKSen, werden Sie immer gefühlsbewusster, übernehmen automatisch die Verantwortung für Ihre Gefühle und halten dann Ihren Glückslevel. Es gibt jedoch auch hartnäckige Formen von schlechten Gefühlen, bei denen die WAKS-Methode nicht ausreicht, oder Personen, die einfach nicht loslassen können. Dann hilft nur Selbstliebe, die zweite Methode.

Gefühlsmanagement durch reine Selbstliebe

Alle, bei denen die WAKS-Methode nicht gleich funktioniert, haben sich einen Beweis für fehlende Selbstliebe erbracht. Warum? Ganz einfach, weil sie die Wünsche nach Anerkennung, Kontrolle oder Sicherheit nur haben, weil darunter in irgendeiner Form eine Angst liegt. Angst, etwas nicht kontrollieren zu können, Angst, nicht anerkannt zu werden, oder Angst, nicht sicher zu sein oder keine Sicherheit zu haben. Aber das Gegenteil von Angst ist Liebe! Und die fängt immer bei uns selbst an, also Selbstliebe. Nun der praktische Ansatz:

> **Selbstliebe – gegen miese Gefühle**
> Erinnern Sie sich an ein schlechtes Gefühl. Machen Sie auch hierbei nicht den Fehler, dieses Gefühl benennen zu wollen. Es ist lediglich eine chemische Information. Stellen Sie sich nun die Frage: »Warum habe ich dieses Gefühl?« Auf diese Frage hin fallen Ihnen nun praktische Dinge aus der Vergangenheit ein, die nicht nach Ihren Erwartungen gelaufen sind.
> Nun fragen Sie sich: »Welche Bemühungen habe ich seinerzeit an den Tag gelegt, um die Situation zu verbessern, was habe ich alles unternommen, um die Angelegenheit optimal zu gestalten?« Nun fallen Ihnen wieder praktische Dinge ein, die Sie unternommen haben. Es kommt bei dieser Methode keineswegs auf das Ergebnis an, sondern auf die Bemühungen, die Sie unternommen haben.
> Jetzt kommt die alles entscheidende Frage: »Bin ich bereit, mich selbst für die Bemühungen, die ich unternommen habe, zu achten, zu ehren, zu lieben, wertzuschätzen? Bin ich bereit, alles, was ich in dieser Angelegenheit unternommen habe, zu würdigen?« Wenn ja, dann machen Sie das jetzt. Am besten laut. »Ja, ich habe eine Unmenge unternommen, ich bin klasse, dafür kann ich mich wirklich ehren und lieben!«
> Wenn Sie das tun, dann wird sich Ihr negatives Gefühl sofort positiv verändern. Es wird leichter oder ist gar sofort verschwunden. Wenn es noch nicht komplett weg ist, dann fragen Sie sich wieder: »Warum habe ich dieses Gefühl?« Es folgt wieder ein praktischer Grund, und auch hierbei hatten Sie wieder jede Menge Bemühungen in Gang gesetzt. Sie ehren und lieben nun auch diese. Diesen Prozess setzen Sie fort, bis Sie endgültig frei von dem unangenehmen Gefühl sind. Sie schälen also die schlechten Gefühle wie bei einer Zwiebel ab, bis Sie nur noch ein gutes Gefühl haben.

Ich habe nach dieser Methode meine komplette Vergangenheit bearbeitet. Angefangen von der Kindheit bis zum heutigen Tag. Sie können sich überhaupt nicht vorstellen, wie leicht Sie werden, wie viel mehr an Energie Sie haben, wenn Sie das ebenso machen. Sie haben quasi kein (schlechtes) Gewissen mehr, Ängste werden abgebaut und die »Sorgenmacherei« hört auf. Auf diese Weise entwickeln Sie wesentlich mehr Selbstliebe, und Ihr gesamtes Leben wird sich ändern. Wieso haben wir denn die vielen Wünsche und Erwartungen? Wieso glauben wir überall Sicherheit, Annerkennung oder Kontrolle haben zu wollen? Wofür schreiben wir Verträge (»Ich will das bitte schriftlich!«), wofür versichern wir uns und tun Dinge, die wir eigentlich überhaupt nicht wollen? Nun, was liegt darunter? Immer irgendeine Form von Angst. Was ist das Gegenteil von Angst? Ganz einfach: Liebe. **Der Ursprung eines jeden Gedankens, also der Gedanke vor dem Gedanken vor dem Gedanken und so weiter ist entweder Angst oder Liebe!**

Vergrößern Sie die Liebe. Umso weniger Platz bleibt für die Angst. Und diese Liebe ist kein Geschäft mit anderen, sondern Selbstliebe. Angst ist weltweit das beste Geschäft. Damit Sie immer schön Angst haben, werden Sie von Kindesbeinen damit konfrontiert. Die Umwelt, insbesondere die Medien, tun eine Menge dazu. Viel Angst verbreiten und gleichzeitig einen Hoffnungsschimmer liefern, ist ein Garant für ein Bombengeschäft. Zwei große Bereiche dabei stellen beispielsweise das Gesundheitswesen und das Thema Altersvorsorge dar.

Wir sollten nicht vergessen, dass man uns das alles beigebracht hat. Man hat uns sogar beigebracht, was Sünde und Schuld ist. Als wir als Kinder fragten, wieso wir dieses und jenes nicht machen dürften, sagte man uns, dass sei Sünde. Wenn wir es doch machen würden, dann wären wir schuldig. Der liebe Gott da oben sieht alles, der kann sogar durch Wände schauen ... Als mir das klar wurde, habe ich mir einen Teller vorgestellt. In der Mitte ist die Liebe, außen die Angst.

Also muss ich nur die Liebe vergrößern und es bleibt einfach kein Platz mehr für die Angst. Heute entziehe ich mich, wenn irgend möglich, Angst machenden Informationen. Ich komme wunderbar auch ohne Fernsehen und so weiter klar. Natürlich spricht nichts gegen wunderbare Dokumentationen, aber wer sich dauernd Manipulation und Angstmacher-Meldungen aussetzt, hat das entsprechende Ergebnis mit sich herumzutragen. Vergrößern Sie besser Ihre Selbstliebe, und ein leichtes, schuld- und angstfreies Leben ist der Lohn.

Der genetische Pessimist in uns

Um eine Vorstellung davon zu bekommen, wie wir heute (immer noch) ticken, bewegen wir uns am besten in die Urzeit. Für alle, die in einer Partnerschaft leben, leicht nachzuvollziehen. Seinerzeit sagte Ihre Partnerin: »Auf, mache dich raus aus der Höhle und besorge Fleisch!« Sie sagten sich: »Hm, da draußen ist es kalt, ich kann erfrieren, ich kann gefressen werden oder einfach vom anderen Stamm erschlagen werden, wenn ich aber hier bleibe, gibt es ja doch nur Ärger, sie bestraft mich am Ende mit Liebesentzug und zickt nur rum.« Nun gut, Sie wählen das kleinere Übel, bewaffnen sich und ziehen los. Immer auf der Hut vor dem Säbelzahntiger, mental darauf eingestellt, dass diese Jagd Tage dauern kann. Die Chance, lebend nach Hause zu kommen, ist außerordentlich gering. Außerhalb der Höhle und des Rudels ist die Gefahr, zu erfrieren, zu verhungern oder einfach gefressen zu werden, sehr hoch. Normalerweise vermeiden Sie es, die Höhle zu verlassen: »Soll doch ein anderer Trottel gehen«.

Widerwillig ziehen Sie also los. Nach lächerlichen drei Stunden auf der Pirsch finden Sie zufällig eine erlegte Hirschkuh. Frisch tot, keinerlei Verwesung und noch mit allem Fleisch dran. Juhu, bei diesem Anblick entwickeln Sie eine Menge Freudenhormone wie Dopamine und Endorphine und empfinden somit tiefe Glücksgefühle! Und nicht zu vergessen, Serotonin, das Chefhormon, auch das Gelassenheitshormon genannt. Es lässt Gefühle des Hochs nach einer Tat entstehen: »Ich habe Feuer gemacht, ich habe das Abendessen erlegt, ich bin der Beste ...« Optimismus breitet sich aus. Sie malen sich die unmittelbare Zukunft in Ihren schönsten Farben und Träumen aus: »Jetzt schleife ich die Hirschkuh zurück in die Höhle und bekomme zur Belohnung gigantische Streicheleinheiten verabreicht. Jetzt ist mein Job endlich erledigt und während meine Partnerin sich um den Rest kümmert, chille ich derweil am Lagerfeuer ...« Während Sie sich eine perfekte Zukunft ausmalen, hören Sie im Hintergrund aus etwa achtzig Metern Entfernung das Gegrummel eines Säbelzahntigers aus einem Gebüsch. Aha, eine negative Information. Diese liegt im Widerstreit mit der positiven Information der erlegten Hirschkuh. Was glauben Sie, welche Information in diesem Widerstreit siegt? Logischerweise die negative. Sonst wären Sie eventuell mitsamt der Hirschkuh tot.

Und so schauen wir auch heute noch unentwegt: Wo ist der Säbelzahntiger? Wo ist das Problem? Wo ist der Haken an der Sache? Unser Unterbewusstsein fragt noch heute etwa einmal pro Minute: Wo ist das Problem? Wir sind genetische Pessimisten, wir sind genetische Fluchttiere. Und wie Sie ja bereits wissen, lassen sich damit hervorragende Geschäfte machen.

Und genau hier liegt der Hund auf dem Weg zum erfolgreichen Manifestieren und Glücklichsein, also GLÜCKMACHEN, begraben. Wir verhalten uns im Wesentlichen immer noch wie in der Urzeit. Jedoch hat dieses Verhalten mit der aktuellen Realität nur noch sehr wenig zu tun. Denn diese hat sich doch erheblich verändert. Wir leben nicht mehr wirklich in einem Rudel in der Höhle, aber haben teilweise immer noch die gleichen Sichtweisen. Wenn wir diese der aktuellen Realität einmal anpassen, wird unser Leben wesentlich einfacher, stressfreier und glücklicher. Genau das ist übrigens die Basis, die wir für erfolgreiches Manifestieren brauchen. Im Bereich des Manifestierens, also des Erschaffens unserer eigenen Realität, sollten wir wissen, dass die meisten Prozesse unbewusst ablaufen. Also macht es Sinn, dass wir uns ein wenig mit unserem Unterbewusstsein und den mentalen Prozessen auseinandersetzen. Doch dazu später mehr.

Unser Urzeitleben

Dass wir genetische Pessimisten sind, hat weitreichende Konsequenzen. Wir sind natürlich nicht nur genetische Pessimisten, sondern verhalten uns auch allgemein noch heute wie in der Urzeit. Wie sah denn unser alltägliches Urzeitleben aus? Begeben wir uns noch einmal in unser Rudel. Ein Rudel war die sicherste Möglichkeit zum Überleben. So ein Rudel mit fünfzig bis hundert Personen bot schon ein gehöriges Maß an Sicherheit. In der Höhle war Feuer, es war also warm, man konnte sie bewachen und sich vor Angriffen schützen. Einige waren gut geeignet für die Jagd, andere hatten handwerkliches Geschick, manche konnten gut kochen, es waren Frauen da, man konnte sich fortpflanzen, das Überleben war gesichert. Draußen, außerhalb der Höhle lief man Gefahr zu verhungern, zu erfrieren oder ganz einfach gefressen zu werden. Die logische Konsequenz war, alles zu tun, um Mitglied im Rudel bleiben zu können. Das Leben ist zwar dann noch nicht unbedingt angenehm, aber immerhin lässt es sich überleben.

Wenn es in der Höhle für mich so richtig angenehm sein soll, dann wäre es optimal, ich wäre der Boss oder zumindest relativ weit oben in der Führung. Je weiter oben, am besten als der Stärkste, bekommt man als Erster Fleisch und Nahrung sowie die meisten und die schönsten Frauen. Denn nur so ist die Fortpflanzung, also die Arterhaltung gesichert. Außerdem könnte ich als der Stärkste, als der Boss, anderen ganz einfach die Rübe einschlagen, wenn diese aufmucken. Das Problem ist natürlich, dass da oben die Luft dünn ist. So viele »der Stärkste« gibt es nicht.

Und wenn ich zufällig schwächer bin oder werde, siedelt man mich einfach weiter unten in der Hierarchie an. Das kann bedeuten, dass im Zweifelsfall keine Frau mehr für mich übrig bleibt oder heute mal kein Essen oder ich bestenfalls die Abfälle abbekomme. Das zwingt dann zu Kompromissen. So werde ich also im Zweifelsfall die Faust in der Tasche machen, denn wenn ich zu viel aufmucke, wirft man mich eventuell aus der Höhle, was, allein auf mich gestellt, den sicheren Tod bedeutet. Auch wenn mir einige Gesichter nicht so passen und andere mich schikanieren, so werde ich mich dennoch arrangieren.

Wenn jetzt in diesem Rudel zwei oder drei Personen auf mich zukommen und mich fragen, ob ich bei der Gründung eines eigenen Rudels mitmachen wolle, dann würde ich mir die drei vorab sehr kritisch ansehen. Denn ein so kleines Minirudel hat es schon sehr schwer. Alles müsste wirklich nach allen Kriterien hundertprozentig stimmen, sonst lebe ich lieber mit meinem Kompromiss. Ich würde enorme Anforderungen an das Rudel stellen, Anforderungen, die es vermutlich nie erfüllen könnte. Denn in einem Minirudel ist es schon sehr schwierig, seine wichtigsten Urtriebe zu erfüllen. Ein großes Rudel bietet einfach mehr Sicherheit.

Im Wesentlichen geht es darum, irgendwie folgende drei Urtriebe zu erfüllen:

- Überlebenstrieb,
- Herdentrieb,
- Vergnügungstrieb.

Diese drei Triebe machen uns entweder Vermeidungs- oder Belohnungsgefühle. Hier rangiert natürlich zunächst einmal das Vermeidungsgefühl. Logisch bei genetischen Pessimisten. Im Wesentlichen sind wir Fluchttiere. Das macht uns natürlich ein riesiges Problem bei der Erschaffung unserer Realität. So fragen wir auch heute noch immer: »Wo ist das Problem, wo ist der Haken?« Jedes Mal jedoch, wenn wir aus einer problembehafteten Situation herauswollten, erschufen wir uns eine neue Situation, die wiederum ein Problem in sich hatte. Wir haben das Problem quasi mitgenommen. Jedes Mal, wenn Sie in Ihrem Leben aus einer schlechten Situation herauswollten, sind Sie in eine neue Situation hineingeraten, die wiederum problematisch war. »**Weg von ...« bringt uns immer Probleme.**

Ich selbst habe in meinem Leben sehr viele Dinge verändert. Meistens, weil ich mit einer Situation unzufrieden war. Ich wohnte in einem Ort, an dem es mir zu eng wurde, und entschied mich, an einen anderen Ort zu ziehen. Nach zehn Jahren zog ich auch aus diesem Ort weg, weil es mir zu eng wurde. Ich änderte die Art, mein Geld zu verdienen, weil es mir zuvor zu anstrengend war, und suchte mir eine neue Tätigkeit, die ich dann auch wieder aufgegeben habe, weil es mir zu anstrengend war. Da gibt jemand eine Beziehung auf, weil sie ihn einengt, nur um in eine neue Beziehung zu gehen, die ihn wiederum einengt. Da gibt es die Frau, die sich von ihrem Mann trennt, weil er sie schlägt, nur um wiederum einen Mann zu finden, der sie auch schlägt. »Weg von ...« bedeutet, dass wir zwar die augenblickliche Situation verändern, aber nicht das Problem. Das nämlich nehmen wir mit.

Anlässlich der Fußball-Europameisterschaft im Jahr 2008 wurde ich von dem Radiosender SWR 3 interviewt, wie meine Einschätzung für die Chancen der deutschen Mannschaft sei und was ich für einen Rat an den Trainer hätte. Nun, Sie müssen wissen, dass ich von Fußball keine Ahnung habe, ja in meinem Leben noch nicht einmal in einem Fußballstadion war. Also bin ich theoretisch der Letzte, der irgendetwas Sinnvolles zu dem Thema zu sagen hat. Ich sagte dennoch etwas. Ich warnte davor, dass die deutsche Nationalmannschaft nicht mental auf »Weg von ...« eingestellt sein darf, sondern zu einhundert Prozent auf »Hin zu ...«. Die Deutschen hatten das Problem, dass sie etwas verlieren konnten, auch aufgrund der hohen Erwartungen. Ich sagte auch, dass man auf die klassischen Außenseiter, wie die Türken oder die russische Mannschaft aufpassen müsse. Denn diese haben nichts zu verlieren, aber jede Menge zu gewinnen. Die sind im absoluten »Hin zu«-Modus. Genauso kam es dann auch leider Gottes, wie schon seinerzeit bei den Belgiern und auch bei den Griechen. »Weg von …« bringt also immer Probleme.

Sie haben in Ihrem Leben jedoch auch Situationen verändert, also erschaffen, die schlichtweg klasse waren. Wo war der Unterschied? Diesmal wollten Sie nicht »Weg von …«, sondern »Hin zu …«. **»Hin zu …« bringt Erfolg.** Dabei ist es egal, ob es sich um Leistungen im Beruf handelt, Beziehungen untereinander oder einfach nur um gigantischen Sex. Wenn Sie denken: »Hoffentlich mache ich nichts falsch«, werden Sie andere Ergebnisse erzielen, als wenn Sie sich das tolle Ergebnis, zu dem Sie hinwollen, in den kühnsten Träumen ausmalen. Das klingt sehr einfach, ist jedoch in der Praxis nicht so leicht und erfordert ein großes Maß an Übung, Disziplin und Konsequenz. In der Praxis ist es eine anstrengende, aber tolle Sache.

In der Regel haben wir beide Seiten von ein und derselben Medaille. Als ich mich im Trennungsprozess von meiner Frau befand, konnte ich am eigenen Leib erfahren, welche Disziplin das erfordert. Da waren zum einen logischerweise die klassischen Gedanken, die da lauten: »Nur weg von ihr«, und auf der anderen Seite Gedanken, die da lauten: »Hin zur Freiheit!« Konkret bedeutete das, dass ich jedes Mal, wenn ich mich mit »Weg von«-Gedanken ertappte, mich mental auf »Hin zur Freiheit« umswitchen musste.

Stellen Sie sich vor, ich frage in einem Seminar einen Teilnehmer nach seinen Zielen, und dieser antwortet zum Beispiel: »Ich will 300 000 Euro haben.« Wenn ich ihn jetzt frage, warum, wird es spannend. Die meisten Antworten sind in der Art von: »Dann habe ich keine Schulden mehr, dann muss ich nicht mehr so viel arbeiten, dann habe ich Sicherheit.« Alle diese Antworten desillusioniere ich: »Sie werden immer mehr Schulden haben, immer mehr arbeiten müssen und keine Sicherheit haben.« In der Bibel steht: »Wer hat, dem wird gegeben, wer nichts hat, dem wird auch noch das Wenige genommen.« Das ist zu Recht so und keineswegs eine Provokation. Derjenige, der weiß, dass er grundsätzlich hat, der erntet nach seinem Glauben. Wer nichts hat, der weiß, dass er nichts hat, und glaubt das auch – auch ihm wird nach seinem Glauben gegeben. Der Volksmund hat es auf den Punkt gebracht: »Der Teufel scheißt immer auf den dicksten Haufen!« Also fragen Sie sich immer: »Welcher dickste Haufen bin ich? Der des Unglücks, der Armut, des Leidens oder der des Glücks, des Reichtums, der Freude und der Freiheit?« Der entsprechende Haufen, an den Sie glauben, wird sich vergrößern.

Das Problematische in der Praxis ist, dass jede Medaille zwei Seiten hat. Sie können 100 000 Euro wollen, weil Sie das mit guten, tollen und freien Gefühlen verbinden (»Hin zu ...«). Oder Sie wollen 100 000 Euro haben, damit Sie keine Probleme mehr haben (»Weg von ...«). Genetisch tun wir Letzteres. Wir sind pessimistische Problemdenker. Deswegen müssen wir uns erst glücklich machen und dann aus dieser Basis heraus Manifestieren. **Denn nur, wenn wir glücklich sind, befinden wir uns im »Hin zu«-Modus!** Dies ist zusammengefasst schon unser GLÜCKMACHEN.

Wie aber kommen wir heraus aus diesem Dilemma? Da unser Denken noch immer auf unseren »Urmenschsichtweisen« beruht, brauchen wir neue Sichtweisen mit entsprechend anderem Denken und sodann sind wir logischerweise in der Lage, unsere Gefühle in die gewünschte Richtung zu lenken.

Die Sichtweise der Glücksgefühle

Wenn wir uns einer glücklichen Sichtweise annähern wollen, müssen wir wissen, dass wir im Wesentlichen immer noch so ticken wie in der Urzeit, in einem kleinen Rudel in der Höhle. Da sich die Realität inzwischen, wie jedermann bestätigen kann, geändert hat, wird es höchste Zeit, dass wir unsere Sichtweise der heutigen Zeit anpassen. Wie sieht denn unser Rudel heute aus? Am einfachsten stellen wir uns vor, wir werfen einen Stein in einen stillen See. Dieser Stein sind wir. Natürlich ruft dieser Stein Kreise im Wasser hervor, so wie wir auch in unserem Leben und Umfeld. Diese Kreise sind, wie in der Natur auch, energetische Wellen, die miteinander systemisch verstrickt sind. Wir sind mit allen Kreisen über diese Energieform verbunden. Wie sehen diese Kreise in der Realität aus?

- Der innerste Kreis besteht in der Regel aus der eigenen Familie, also dem Lebenspartner und eventuell Kindern.
- Der nächste Kreis besteht in der Regel aus den nächsten Verwandten, also Eltern, wenn diese noch leben, und Geschwistern. Bei einigen Menschen ist dieser Kreis jedoch weiter außerhalb, was auch kein Problem darstellt.
- Der nächste Kreis besteht aus sehr guten Freunden und Bekannten.
- Danach kommt der Kreis der Bekannten und der Arbeitskollegen.
- Anschließend dann der Kreis der Menschen, die ab und zu mit uns zu tun haben.
- Danach der Kreis der Menschen, die in unserer Umgebung leben.
- Dann kommt der Kreis unseres Landes.
- Danach, zumindest kulturell gesehen, ganz Europa.
- Danach der Kreis der ganzen Welt, mit der zumindest ich mich verbunden fühle.

Damit kommen wir zum ersten praktischen Hauptteil des Buches. Für die folgenden Ausführungen und unser heutiges Leben sollten wir immer dieses Bild vor unserem geistigen Auge haben. Es ist keineswegs erforderlich, dass wir immer noch die Sichtweise unseres Urzeittrudels an den Tag legen. Jedoch verhalten wir uns immer noch so, als wäre der Leibhaftige persönlich hinter uns her, dabei rufen wir ihn selbst hervor, und zwar durch ganz einfach suboptimale Sicht-

GLÜCKMACHEN – DIE GRUNDLAGEN 51

weisen. Im Wesentlichen geht es um die Veränderung von Sichtweisen oder Merkmalen, die wir aus der Urzeitsicht in die Neuzeitsicht transformieren sollten.

Diese Veränderungen erfolgen durch 21 konkrete Glücksaktivitäten, die Sie jederzeit und sofort unternehmen können. Es ist keinesfalls so, dass Sie alle Glücksaktivitäten auch persönlich benötigen. Die Liste stellt vielmehr eine Menükarte dar, mit der Sie sich Ihr individuelles Menü zusammenstellen können. Es sind Menüpunkte als »Anwendungen«. Vielleicht wenden Sie ja auch schon einige dieser Angebote bewusst oder unbewusst an. Unser aller sehnsüchtiges Ziel ist es doch, uns wohlzufühlen und diesen Glückslevel konstant zu halten. Wichtig ist dafür jedoch, dass wir uns zunächst, egal wie viel Mühe es kostet, in einen Glückszustand versetzen müssen. Das ist die Ausgangsbasis. Aber die Mühe lohnt. Denn wenn Sie glücklich sind und sich wohlfühlen, ist alles andere ohnehin vollkommen gleichgültig. Denn mehr wollten und wollen Sie nie – Sie wollen sich einfach nur wohlfühlen. Daher nun genug der Theorie, Ärmel hoch und los geht's.

21 Glücksaktivitäten

1. Glücklich durch Selbstliebe

Selbstliebe, das klingt für viele Menschen wie purer Egoismus. Doch damit hat Selbstliebe überhaupt nichts zu tun. Im Gegenteil, wer Liebe im tieferen, spirituellen Sinn erfasst hat, wird das Gegenteil von Egoismus an den Tag legen. Viele Seminarteilnehmer von mir haben regelrecht Probleme damit, wenn ich sie auffordere, einmal mit voller Inbrunst zu sagen: »Ich liebe mich!« Nun, die meisten Menschen schleppen riesige Berge voller Schuldgefühle mit sich herum. Die meisten glauben schon in einem Stadium, sie wären schuldig, in dem sie noch überhaupt nichts verbrochen haben können. Damit so richtig glücklich zu sein, ist logischerweise nicht ganz einfach. Die meisten Menschen glauben oder bekommen beigebracht, sie wären schon mit der Erbsünde geboren. Ein wunderbarer Start zum Unglücklichsein.

Wenn ich im Seminar folgende Provokation lostrete, habe ich noch nicht einen Teilnehmer erlebt, der dementiert hat. Ich provoziere folgendermaßen: »Ich behaupte, dass die meisten hier in ihrem Leben bereits ihre Eltern belogen haben, ihren Lebenspartner und Freunde betrogen haben, sich durch Falschinformationen oder Zurückhalten von Informationen Vorteile verschafft haben und so weiter. Die meisten haben Versicherungen oder das Finanzamt betrogen. Ja, die meisten haben sogar einmal etwas geklaut. Wer der Meinung ist, das stimmte nicht, der soll sich bitte melden!« Noch nie hat sich jemand gemeldet und interveniert. Aber wie soll sich jemand, der sich derartig mit Schuld beladen sieht, selbst lieben und glücklich sein?

Viel einfacher ist da natürlich der Ruf nach anderen. »He, ich will, dass du mich liebst. Bitte mach mich glücklich.« Welch unverfrorene Frechheit! Der andere wird unter Umständen zur Funktion degradiert und bestenfalls noch vertraglich dazu verdonnert – bis dass der Tod euch scheidet.

Liebe deinen Nächsten wie dich selbst, bedeutet, dass wir zunächst einmal mit uns selbst beginnen müssen. Gut? Dann fangen wir jetzt einmal damit an. Der erste Schritt sollte darin bestehen, dass wir niemanden mehr schuldig machen. Wenn Sie um die Subjektivität der Wahrnehmung wissen, dann wissen Sie ohnehin, dass eine Bewertung des anderen ein Witz ist. Das kann nur unbewussten Menschen passieren. Wir würden sofort wieder in die ohnmächtige, unbewusste Opferrolle zurückfallen. »Richtet nicht, auf dass ihr nicht gerichtet werdet«, wie wir im Neuen Testament lesen können, trifft es auf wunderbare Weise. Auch der Ausspruch: »Vater, vergib ihnen, denn Sie wissen nicht, was Sie tun«, geht auf denselben Kontext zurück.

Ich sage Ihnen: **So etwas wie Schuld gibt es gar nicht.** Was wir als Schuld bezeichnen, sind lediglich Manifestationen aus einer noch unbewussten Zeit und eine Erfindung des Egos! Je mehr wir bewusst werden, umso mehr löst sich unser Ego auf, und die Schuldgefühle verschwinden. Unser Ego besteht auf Abgrenzung und Trennung. Wenn Sie Übereinkünfte brechen, dann müssen Sie natürlich die Konsequenzen dafür tragen (Beispiele sind Tempolimit, Steuergesetze, Unternehmensleitlinien). Egal, was Sie taten – ich gehe davon aus, dass Sie niemanden umgebracht haben – Sie hatten für sich und Ihr Überleben immer ein edles Motiv. Als Sie Ihre Eltern belogen haben, wollten Sie nichts Böses, sondern wollten sich schützen, Schmerzen oder sonstige Nachteile vermeiden. Als Sie als Kind geklaut haben, wollten Sie nicht das Geschäft schädigen, sondern in kindlicher Unbewusstheit vielleicht Ihren Hunger stillen.

Wenn Sie die Dinge, die Sie taten, in einer neuen Sichtweise sehen, dann sind Sie in der Lage, über Ihre vermeintliche Schuld zu lachen. Das Wort Gewissen wird zu einer Lächerlichkeit degradiert, ja, Sie könnten fast sagen, dass Sie kein Gewissen im herkömmlichen Sinne mehr haben. **Betrachten Sie alles, was Sie taten, einmal unter dem Blickwinkel, dass Sie ja eigentlich für sich etwas Gutes wollten.** Dafür können und sollten Sie sich lieben. Betrachten Sie zudem die Subjektivität der Wahrnehmung, die Tatsache, dass wir alle in unserer eigenen Box leben, und schon sollte sich Ihr negatives, schuldbehaftetes Gefühl in ein Lächeln auf Ihren Lippen verwandeln.

Wie oft höre ich einen Satz, der sinngemäß lautet: »Ich kann mir selbst nicht verzeihen, dass ich das und das getan habe!« Aber andere sollen es? In der Situation der Tat war eben Unbewusstheit da, Schwachheit. Sie wollten für sich selbst etwas Gutes. Lieben Sie sich dafür und bewerten Sie sich nicht. Mit was denn auch? Mit der Subjektivität des Verstandes? Mit den Erwartungen anderer? Fragen Sie sich nicht: »Warum?« Warum heißt: War um!

2. Glücklich durch bedingungslose Liebe

Die Liebe heilt alles. »Gott ist die Liebe«, so heißt ein christliches Lied. Was aber ist Liebe? Können wir sie wirklich messen, erfassen? Liebe ist die höchste und reinste Schwingungsfrequenz, reine göttliche Energie, die alles positiv verändert. Bei diesem zweiten Weg zum Glück ist das Wort »bedingungslos« absolut wörtlich zu nehmen. Bedingungslos ist eine Liebe, die an nichts gebunden ist. So wie ein Vater oder eine Mutter ihr Kind auch dann noch liebt, wenn es einen Fehler gemacht hat, wenn es sich nicht erwartungsgemäß verhalten hat, komisch aussieht oder etwas angestellt hat.

Die wenigsten Beziehungen sind auf wirkliche Liebe aufgebaut, da sie mit Bedingungen verbunden sind. Dann ist das keine Liebe mehr, sondern ein Deal. So wie wir früher geglaubt haben, mit Gott Geschäfte machen zu müssen: »Bitte, bitte, gib mir eine Eins in Mathe, und ich will auch nie mehr lügen!« Das ist ganz einfach ein Deal. »Bitte, mach mich glücklich, und ich will auch immer schön treu sein und dir dein Essen kochen. Bitte sorge für mich, und ich ...« Die meisten Beziehungen haben nicht wirklich etwas mit Liebe zu tun, vielmehr arrangieren sich beide Partner in einer Zweckgemeinschaft. Das muss auch nicht unbedingt schlecht sein, aber dieses Kapitel handelt von bedingungsloser Liebe. Aber eines kann ich mir nicht verkneifen zu sagen: Diese Arrangements sind in der Regel betriebswirtschaftlicher Wahnsinn. Haushaltshilfen und Hilfen für sonstige Bedürfnisse sind unter dem Strich bedeutend günstiger.

Wie können wir bedingungslose Liebe messen und erfahren? Es gibt ein fantastisches Messinstrument dafür. Dieses Messinstrument besitzt jeder. Es sitzt mitten in der Brust, beim sogenannten Sternum, etwas oberhalb des Solarplexus. Die Liebe, die höchste und reinste Schwingungsfrequenz, die reinste Energie, das Göttliche ist überall. Es gibt keinen Ort, wo sie nicht ist. Sie ist in uns und um uns herum. Wir müssen uns lediglich auf sie einstellen, in Resonanz mit ihr gehen. Probieren Sie es gleich einmal aus. Wichtig ist, dass es sich beim Folgenden bei Ihnen nicht um leere Worte handelt, sondern Sie auch genau das meinen, was Sie sagen. Sagen Sie sich in vollkommen so gemeinter Absicht: **»Ich gehe in Resonanz mit der bedingungslosen Liebe!«** Wenn Sie das in voller Absicht, im Vertrauen darauf, dass Sie ohnehin überall ist, sagen, dann spüren Sie diese Liebe augenblicklich in Ihrer Brust, im Bereich des Sternums. Wenn Sie das spüren, dann kann es leicht sein, dass sich ein Lächeln über Ihr Gesicht legt. Sie verspüren augenblicklich Glücksgefühle.

Mit ein wenig Übung lässt sich dieses Gefühl über den gesamten Körper ausbreiten. Ein wahrer Glücksrausch. Wenn Sie das können, dann können Sie auch noch einen Schritt weitergehen: Gehen Sie in Resonanz zur bedingungslosen Liebe und anschließend mit dieser Liebe in Resonanz zu Ihrem Partner. Jetzt spüren Sie den Unterschied. Jetzt wissen Sie auch, dass es keinerlei Bedingungen mehr bedarf. Sie können das mit allen Menschen machen, die Ihnen begegnen – und Sie erleben einen wahren Glückstaumel. Ich mache das bei allen meinen Seminaren. Ich verbinde mich mit der bedingungslosen Liebe und anschließend mit jedem einzelnen Seminarteilnehmer. Und glauben Sie mir, die meisten spüren das bewusst oder noch häufiger unbewusst.

Wenn Sie ein Leiden haben, dann können Sie sich darüber aufregen. Sie können jedoch auch in Resonanz zur bedingungslosen Liebe gehen und dann in Resonanz mit Ihrem Leiden. In den meisten Fällen wird Ihr Leiden verschwinden. Die Liebe heilt alles. Mit dieser Methode verändern wir sogar die Sicht auf uns selbst und nähern uns der wahren Liebe immer mehr an.

Ich selbst habe mich immer verurteilt, weil ich so ein knallharter Typ war. »Der geht über Leichen«, sagte man mir nach. Und es war sicherlich so, dass Leute, die zu schwach waren, in der Vergangenheit an meiner Willenskraft zerbrochen sind. Ich wusste das und machte mich für mein Verhalten selbst schuldig. Wenn ich jedoch in Resonanz zur bedingungslosen Liebe gehe und dann zu meinem harten Verhalten, erlange ich eine andere Sicht. In manchen Fällen ist es angebracht, klar und konsequent jemandem seine Schranken aufzuzeigen. Ansonsten erleide ich definitiv Nachteile und beweise mir selbst, dass ich lieber leide, also mich nicht selbst liebe. Ich achte seitdem auf diese Verhaltensweise, bin mir darüber bewusst geworden und setzte sie auch bei Bedarf bewusst ein. Ich verurteile mich nicht mehr dafür.

3. Glücklich durch Leben im Hier und Jetzt

Wie Sie im Kapitel »Leben als Mittel zum Zweck« erkennen konnten, besteht eines der Geheimnisse der erfolgreichen Glücksaktivitäten in einem Leben im Jetzt, einem Leben im Flow. Im Hier und Jetzt zu leben ist eine der gewaltigsten Glücksaktivitäten, die wir anstreben können und mit der sich bereits vor Tausenden von Jahren die größten Weisheitslehrer der Geschichte beschäftigt haben. Die meisten Menschen leben ein unglückliches, energieloses Leben außerhalb des Jetzt. Gefangen in der Hölle des Verstandes, dem der gegenwärtige Augenblick nie gut genug ist, der immer meint, dem gegenwärtigen Augenblick etwas hinzufügen zu müssen, damit es in irgendeiner Form einmal besser wird. **Jetzt ist ewig!**

Schon Seneca, Philosoph, römischer Staatsmann und der Begründer der Stoiker, war der Meinung, dass wir in jedem Augenblick, in dem wir im Jetzt sind, ein Stück der Ewigkeit berühren. Die gesamte Zen-Philosophie zielt auf ein Leben im Jetzt ab. Ob es sich dabei um die Kunst des Bogenschießens, die Kunst des Tee-Zeremoniells oder um die Kunst des Bonsai-Bäumchen-Schneidens handelt, immer geht es um ein Üben des Seins im Jetzt. Was macht der Zen-Meister? Er zückt sein Schwert und schneidet mit einem kraftvollen Hieb die Vergangenheit und die Zukunft ab. Übrig bleibt das Jetzt. Scheint irgendwie schwierig zu sein. Wir sind die meiste Zeit im wahrsten Sinne des Wortes am Hirnwichsen, die Rädchen im Kopf drehen sich unaufhörlich. Letztendlich handelt es sich dabei um einen Spannungsabbau im Kopf, weil wir in der Regel rein körperlich unsere Spannungen nicht mehr abbauen können.

21 GLÜCKSAKTIVITÄTEN

Einmal angenommen, jemand kommt jetzt zu Ihnen, während Sie dieses Buch lesen, und tritt Ihnen voll gegen das Schienbein. Sie erleben einen heftigen Schmerz. Der Tretende läuft so schnell weg, dass Sie keine Chance mehr haben, sich an ihm zu rächen. Was werden Sie tun? Sie werden ihn im Geiste verfluchen, züchtigen und misshandeln. Sie bauen die Spannung also durch Hirnwichserei ab. Der Urmensch hatte keine Probleme damit, weil er sofort handeln musste und das auch tat. Heute ist das fast unmöglich. An dieser Stelle die heilsame Erkenntnis eines im sterben liegenden Harley-Fahrers (Harley-Davidson. *Manager Magazin* 06/98, nach Jorge Luis Borges): »Wenn ich mein Leben noch einmal leben dürfte, würde ich viel mehr Fehler machen. Ich würde viel mehr entspannen. Ich würde viel verrückter sein als in diesem Leben. Ich wüsste nur wenige Dinge, die ich wirklich ernst nehmen würde. Ich würde mehr Risiken eingehen. Ich würde mehr reisen. Ich würde mehr Berge besteigen, mehr Flüsse durchschwimmen und mehr Sonnenuntergänge betrachten. Ich würde mehr Eis und weniger Salat essen. Ich hätte mehr echte Probleme und weniger eingebildete. Sehen Sie, ich bin einer dieser Menschen, die immer vorausschauen und vernünftig leben, Stunde um Stunde, Tag für Tag. Oh ja, es gab schöne Momente, und wenn ich noch einmal leben dürfte, hätte ich mehr davon. Ich würde eigentlich nur noch welche haben. Nur schöne, einen nach dem anderen. Wenn ich noch einmal leben dürfte, würde ich bei den ersten Frühlingsstrahlen barfuß gehen und vor dem Spätherbst nicht damit aufhören. Ich würde vieles einfach schwänzen. Ich würde mehr Achterbahn fahren. Ich würde öfter in der Sonne liegen.«

Stellen Sie sich den Verstand vor wie eine Schwingungsfrequenz, die alles anzieht. Wir sind darauf konditioniert, alles mit dem Verstand zu lösen. Wir fliegen auf den Mond, haben das Penizillin erfunden und können die kompliziertesten Berechnungen anstellen, ja, wir sind so etwas wie verstandesorientierte Götter. Wir halten dieses Gefangensein im Verstand aus, nur den gegenwärtigen Augenblick, den können wir oft nicht genießen. Hinzu kommt eine riesige Informationsflut über die Medien, die wir überhaupt nicht mehr verarbeiten können. Das Ganze bringt natürlich innere Spannungen mit sich. Viele können überhaupt nicht mehr mit sich allein sein und abschalten. Bei anderen läuft den ganzen Tag über der Fernseher, möglichst in allen Räumen, und wiederum andere können ohne Radio oder Fernseher gar nicht mehr einschlafen. Es scheint die einzige Möglichkeit zu sein, dass der Verstand einmal Ruhe gibt und uns mit seiner Hirnwichserei nicht zum Durchdrehen bringt.

Andere wieder schalten den Verstand aus. Sie werden unbewusst oder betäuben ihn. Ja, so zwei Gläser Bier können die Schwingungsfrequenz schon ganz schön beruhigen. Werden es dann zehn, ist der ganze Mensch noch ruhiger, noch unbewusster und ohnmächtiger. Noch ein, zwei Bier mehr und er fällt vom Stuhl und wird sehr, sehr ruhig. Er sagt nichts mehr und ist im wahrsten Sinne des Wortes ohnmächtig, betäubt oder auch bewusstlos. Die Vorstufe vor dem Tod.

Der Ansatz kann natürlich nicht darin liegen, den Verstand durch Fernsehen oder irgendwelche Dinge abzulenken oder ohnmächtig zu machen, sondern mächtig und bewusstvoll zu sein. Bewusstheit kann nur im Jetzt geschehen. Die persönliche Macht auch.

Die meisten Menschen werden unentwegt von zwei Bestien verfolgt. Die eine Bestie kommt von links und nennt sich Vergangenheit, die andere Bestie kommt von rechts und nennt sich Zukunft. Vor lauter Kämpfen mit diesen zwei Bestien bleibt vielen keine Kraft und Energie mehr über für die Bewältigung des gegenwärtigen Augenblickes.

Mihaly Csikszentmihalyi schreibt in seinem fantastischen Buch *Flow. Das Geheimnis des Glücks*, dass Menschen immer dann glücklich sind, wenn sie einer Tätigkeit nachgehen, bei der sie mit allen fünf Sinnesorganen dabei sind. Wenn dann diese Tätigkeit noch ein sofortiges Feedback mit sich bringt, ist das Glücksgefühl immens. Deswegen sind viele Handwerker einfach glücklicher als klassische Schreibtischtäter. Der Handwerker muss sich meistens mit vielen Sinnen auf seine Arbeit konzentrieren und erhält in der Regel ein sofortiges Feedback. Er sieht und fühlt das fertige Ergebnis seiner Arbeit. Diese Kombination zwischen Konzentration und sofortigem Feedback birgt ein süchtig machendes Potenzial. Deswegen sind bei manchen Sportarten die Aktiven regelrecht süchtig danach. Der Golfer muss sich zum Beispiel auf seinen Abschlag konzentrieren und bekommt dann ein sofortiges Feedback. Oder der Jäger: Anpirsch, Anblick, Schuss und Feedback.

Interessant war jedoch bei den Untersuchungen, die im Buch *Flow* beschrieben sind, dass es auch genügend Personen gab, die selbst bei relativ banalen Tätigkeiten, die normalerweise keine große Konzentration erfordern, Glücksgefühle entwickelten. So gab es zum Beispiel Hausfrauen, die selbst beim Wäschebügeln Glücksgefühle entwickelten. Wo war der Trick? Nun, diese Personen haben sich freiwillig mit allen fünf Sinnen auf eine Tätigkeit konzentriert. Sie haben sich freiwillig ein Feedbacksystem geschaffen, indem sie zum Beispiel die Anzahl der Wäschestücke in einer bestimmten Zeit als Feedback genommen hatten. Das aber können wir ja so gut wie überall schaffen, und in der Tat, auch darin liegt ein pragmatisch einfaches Glücksgeheimnis.

Die folgende kleine Geschichte (nach Marc Levy) kann uns helfen, bewusst und sorgsam mit unserer Zeit umzugehen und mehr im gegenwärtigen Augenblick zu bleiben: Stellen Sie sich vor, Sie bekämen jeden Morgen 86 400 Euro geschenkt mit der Aufgabe, dass Sie dieses Geld auch an diesem Tag ausgeben müssten. Sie können nichts aufsparen. Wenn Sie abends einschlafen, wird Ihr »Restsaldo« gelöscht. Am nächsten Morgen bekommen Sie wieder die gleiche Summe geschenkt, verbunden mit der gleichen Spielregel. Auf der anderen Seite garantiert Ihnen niemand, dass das Spiel immer so weitergeht. Es kann jederzeit beendet sein.

Was würden Sie mit dem Betrag anstellen, in dem Wissen, es auch heute noch ausgeben zu müssen? Wahrscheinlich würden Sie zunächst Ihre wichtigsten Wünsche erfüllen. Es wird Ihnen jedoch von Tag zu Tag schwerer fallen, die ganze Summe auszugeben. Wahrscheinlich fangen Sie an, auch Ihren Freunden und Verwandten Wünsche zu erfüllen. Ja, Sie würden zu einem absoluten Gönner.

Und genau so läuft das Spiel in unserem Leben. Jeden Tag bekommen wir genau 86 400 Sekunden geschenkt. Und jeden Tag sind wir gefordert, diese »geschenkte Zeit« sinnvoll zu nutzen. Tun wir das nicht, haben wir das Geschenk des Lebens nicht verstanden. Und niemand kann uns garantieren, dass wir es morgen nochmals erhalten. Nutzen wir es also! Leben wir jetzt!

Praktische Ansätze zum glücklichen Leben im Hier und Jetzt

Die absichtsvolle Absichtslosigkeit
Ein paradox wirkender Ansatz zum Leben im Hier und Jetzt besteht in der »absichtsvollen Absichtslosigkeit«. Vom Gelben Kaiser wird folgende Geschichte erzählt: Der Gelbe Kaiser bereiste den Berg Kulum. Und auf dem Rückweg verlor er seine wertvolle Zauberperle. Er sandte aus, um nach ihr suchen zu lassen. Als Erstes sandte er die Denkgewalt. Doch sie fand sie nicht. Danach sandte er die Klarsicht, ob sie sie finden möge, doch auch sie fand sie nicht. Danach sandte er die Erkenntnis. Doch auch sie fand sie nicht. Danach sandte er die Absichtslosigkeit, und siehe da, sie fand sie.

Wie sollen wir ein Leben in Absichtslosigkeit führen, wenn wir doch in die Zukunft, zielgerichtet manifestieren wollen? Wir brauchen beides. Anspannen und Entspannen, Yin und Yang. So kann ein wunderbarer praktischer Trick darin bestehen, den Tag in möglichst viele kleine Abschnitte zu unterteilen und diesen Abschnitten jeweils die Absicht einer bestimmten Erfahrung zu geben. Ein Innehalten zwischendurch, das nur wenige Sekunden dauert und sogar während einer Bewegung, zum Beispiel des Gehens, gemacht werden kann, dient dann dazu, dem nächsten Abschnitt ein konkretes Ziel zu geben. Anschließend gehen Sie in die Situation und sind total absichtslos, nachdem Sie Ihre Erfahrungsabsicht ja bereits zuvor formuliert haben. Was bedeutet das? Sie überlassen Ihre Erfahrungen nicht dem Zufall, sind machtvoll und schränken sich nicht mit den paar Bits der Großhirnrinde ein. Und Sie sind im Jetzt. Weil Sie jetzt nicht mehr mit Ihrem Verstand in die Zukunft abschweifen müssen, da sie die Absicht der Zukunft ja bereits kennen. Sie können im Jetzt bleiben und sind einfach glücklicher.

Die Abschnitte, in die Sie Ihren Tag unterteilen, machen Sie dann immer kürzer. Auf diese Weise werden Sie zum mächtigen Schöpfer Ihrer Erfahrungen und gleichzeitig ein präsenter, im Jetzt lebender Mensch, der glücklich ist und endlich mit dieser eigentlich überhaupt nicht notwendigen Hirnwichserei aufgehört hat. Auf diese Weise werden Sie nicht nur zum absichtsvollen Schöpfer, sondern Ihr Leben erhält mehr Fülle und Spannung.

Spannung entsteht immer zwischen zwei gegensätzlichen Polen. Das eine kann ohne das andere nicht existieren. Plus und Minus, Yin und Yang, Ebbe und Flut, Krieg und Frieden, Mann und Frau. Glück kann nicht durch pure Abwesenheit von Unglück erfahren werden, denn es reagiert auf Unterschiede. Wenn wir Unterschiede zulassen, also auch das Leid annehmen und das Unglück nicht verdammen, erst dann kommen wahre Fülle und Spannung ins Leben. Das ist die echte Kunst der absichtsvollen Absichtslosigkeit, des scheinbaren Widerspruchs, der letzten Endes die wahre Fülle und Würze des Lebens darstellt. Denn unser Leben besteht, wie schon bereits erwähnt, nicht im Kämpfen im Hamsterrad, sondern einfach darin, das Leben an sich in Fülle zu erfahren. Sich sein eigenes Leben so einzurichten, dass diese individuelle Fülle mit Spannung erlebt werden kann und bewusst auch die Ebene zu wählen, die gerade gebraucht wird. Dazu gehört auch, bewusst alle Tätigkeiten mit möglichst fünf Sinnen zu erfahren. Etwas konkreter:

> **Absichtsvolle Absichtslosigkeit**
> Wenn Sie morgens wach werden, besteht der erste Abschnitt daraus, ganz einfach zu sich zu kommen. Sie können diesem Abschnitt bereits eine Absicht geben, indem sie formulieren, dass Sie genau fühlen werden, wie Ihr Körper sich mit Leben anfüllt, und sich daran erfreuen. Der nächste Abschnitt besteht vielleicht aus Ihrer Morgentoilette. Bevor Sie in diesen Abschnitt hineingehen, können Sie eine Absicht formulieren: »Ich möchte mich an meinem Körper erfreuen, spüren, wie er sich anfühlt, und merken, wie meine Laune sich durch dieses Bewusstsein hebt.« Danach gehen Sie ins Bad, bleiben im Jetzt und genießen die Realität Ihrer zuvor geäußerten Absicht. Anschließend gehen Sie zum Frühstück und formulieren wiederum eine Absicht wie beispielsweise: »Ich freue mich, dass mein Körper mir sagt, mit welcher Nahrung ich heute optimal meine Vitalität versorge. Ich möchte ein neues, geiles Frühstücksgefühl erleben.« Danach gehen Sie absichtslos zum Frühstück und lassen sich überraschen, auf was Sie heute so Lust haben. Ich verspreche Ihnen viele Glückshormone. Gleichzeitig üben Sie sich im Erschaffen Ihrer Realität. Anschließend müssen Sie vielleicht Auto fahren. Sie formulieren auch hier wiederum das Ergebnis Ihrer Ansicht: »Ich möchte gesund und gut gelaunt, völlig entspannt am Zielort aussteigen.« Danach steigen Sie absichtslos in Ihr Auto und fahren los. Auf diese Weise verfahren Sie mit dem ganzen Tag.
> Manch einem hilft es, die Abschnitte schriftlich in einem Notizbuch festzuhalten. Für viele macht dieser Prozess eine bewusstere und verbindlichere Absicht aus.

Achtsamkeit in sinnhafte Erfahrungen lenken

Ein weiterer Ansatz zum Leben im Hier und Jetzt besteht darin, immer einen Teil seiner Achtsamkeit in die jeweilige, sinnhafte Erfahrung zu lenken. Sinn ist der Zusammenhang, ist Motivation und Glückserfüllung.

Viele kennen die Geschichte des Zen-Meisters, der gefragt wurde, was denn das Geheimnis des Glücks und des Lebens sei. Er sagte: »Wenn ich stehe, dann stehe ich, wenn ich gehe, dann gehe ich, wenn ich sitze, dann sitze ich, wenn ich esse, dann esse ich, wenn ich arbeite, dann arbeite ich!« Darauf sagte der Fragende: » Meister, das mache ich doch auch.«

Darauf der Meister:»Nein, wenn du stehst, dann gehst du schon, wenn du gehst, dann sitzt du schon, wenn du sitzt, dann isst du schon, und wenn du isst, dann arbeitest du schon!«

Wir sind häufig einfach nicht bei der aktuellen Sache. Seit mir dieser Zusammenhang klar ist, weigere ich mich hartnäckig, sogenannte Arbeitsessen mitzumachen. Viele Kunden akzeptieren mittlerweile, wenn ich sage, dass wir bitte entweder essen oder arbeiten, und das jeweils mit Genuss und Konzentration.

In der Praxis empfiehlt sich einfach, jeweils mindesten einen Teil der Aufmerksamkeit auf mindestens ein Sinnesorgan zu richten. Das ankert uns direkt ins Jetzt.

Wenn Sie ein Essen bekommen, zum Beispiel bewusst hinzuschauen, wie es angerichtet ist, bewusst zu riechen und bewusst zu schmecken. Eventuell auch bewusst das Gewicht des Körpers auf dem Hintern zu spüren und so weiter. Wenn Sie sich mit jemanden unterhalten, dann zum Beispiel bewusst hinzuschauen, sich irgendwelche Details bei dem anderen zu merken oder bewusst auf die Schwingung der Stimmen zu achten. Sogar eine Stufe höher gehen ist möglich und die Unterhaltung bewusst von oben zu betrachten. Bewusst zu schauen, was gerade passiert, was der andere eigentlich für eine Absicht verfolgt, wo Sie im Gespräch stehen. Vielleicht sogar bewusst die Stimmung, die gerade vorherrscht, zu erspüren. Ihre Gesprächspartner werden Ihre unglaubliche Präsenz spüren und Sie werden bei einer normalen Unterhaltung Glücksgefühle entwickeln, da Sie sich wahrgenommen fühlen. Jedes Mal, wenn Sie bewusst mit irgendeinem Ihrer Sinne etwas wahrnehmen, ankern Sie sich ins Jetzt.

Achtsamkeit ins Energiefeld lenken
Ein ähnlicher Ansatz zum Leben im Hier und Jetzt besteht darin, permanent einen Teil seiner Aufmerksamkeit auf sein inneres Energiefeld zu lenken. Dafür ist es natürlich zunächst einmal erforderlich, zu wissen, was denn das nun wieder ist, das innere Energiefeld, und wie wir es finden können. Welche Vorstellung können wir davon haben?

Das ist nicht ganz so einfach und ist ungefähr so, als wenn Sie einen Fisch fragen, was denn das Wasser ist. Der Fisch wird sagen, dass doch das Wasser überall ist. Man könnte auch den Fisch nach Gott fragen, und er wird antworten, dass doch Gott überall ist. Manche sagen zu diesem Energiefeld höheres Selbst oder auch höhere Intelligenz. Irgendetwas muss es da wohl geben. In jedem Einzeller laufen Millionen chemischer Prozesse ab, die irgendeine Intelligenz koordinieren muss. Bei einer normalen Pflanze wird es noch viel komplizierter, und die Prozesse, die in einem menschlichen Körper ablaufen, sind so komplex, dass nur unser Verstand allein den Körper noch keine zwei Sekunden am Leben erhalten könnte.

Nun, wenn wir es nicht sehen können, bestenfalls erahnen, erklären können wir es sowieso nicht. Vielleicht können wir es fühlen? Und in der Tat, das können wir. Und wenn wir es einmal erfühlt haben, dann ist das wie ein Ankommen, aus Glauben wird Wissen und wir können uns permanent darin verankern. Dieses Etwas, aus dem heraus wir existieren, was schon immer da war und immer da sein wird, von dem wir ein Teil sind, und zwar unabhängig von der schnelllebigen Vergänglichkeit der körperlichen Hülle ... Nun, bevor es zu metaphysisch wird und einige das Buch zuklappen, sollten wir es ausprobieren.

Während Sie jetzt dieses Buch lesen, ist ein Teil Ihrer Achtsamkeit logischerweise beim Lesen. Während Sie also jetzt lesen, heben Sie bitte, je nachdem wo und wie Sie sitzen, entweder einen Fuß oder eine Hand frei in die Luft. Wichtig bei der Hand ist, dass sich die einzelnen Finger nicht berühren und auch sonst keine Berührung stattfindet. Halten Sie jetzt die Hand oder den Fuß an eine Stelle, an der Sie sie nicht sehen können. Konzentrieren Sie sich jetzt optisch auf dieses Buch.

Wenn Sie sich nun die Frage stellen, ob Sie wissen können, ob Ihre Hand oder Ihr Fuß überhaupt existieren, woran Sie erkennen können, ob Hand oder Fuß überhaupt da ist, dann meldet sich natürlich sofort der Verstand: »He, ich weiß, dass ich die Hand/Fuß da hingehalten habe, er wird ja wohl noch da sein!« Halt, das war eine Erinnerung! Gibt es etwas, woran Sie es jetzt, in diesem Augenblick erkennen können? Vielleicht halten Sie kurz beim Lesen inne, schließen die Augen und fragen sich, ob Sie wissen können, ob die Hand, der Fuß wirklich da ist. Vielleicht spüren Sie ein leichtes Kribbeln oder Vibrieren dort. Probieren Sie es jetzt und lesen Sie danach weiter.

Wenn Sie ein Kribbeln oder Vibrieren gefühlt haben, dann haben Sie wahrhaftig Ihr eigenes Energiefeld gefühlt. Dann waren Sie in Berührung mit dem Ewigen. Mit dem, was bleibt, selbst wenn der Körper sich einmal auflöst. Wenn Sie das eben erfühlen konnten, dann empfehle ich Ihnen, die Übung einmal im Liegen mit geschlossenen Augen durchzuführen.

> **Übung**
>
> **Erspüren des Energiefelds**
>
> Legen Sie sich bequem auf den Rücken, entspannen Sie sich mit geschlossenen Augen. Wenn Sie merken, dass Sie zur Ruhe kommen, dann heben Sie beide Hände in die Luft und spreizen die Finger. Beginnen Sie zunächst mit einer Hand: Konzentrieren Sie sich darauf, ob Sie wissen können, ob die Hand wirklich da ist, bis Sie das Energiefeld spüren. Dann machen Sie das Gleiche mit der anderen Hand, bis Sie es auch da fühlen. Dann können Sie das Energiefeld von Hand zu Hand hin- und herschwappen lassen. Wenn Sie das können, dann erspüren Sie es auch in den Füßen. Wenn Sie es an Händen und Füßen spüren, dann können Sie es auch im ganzen Körper fließen lassen. Dabei können Sie sich sogar von innen spüren.

Wenn Sie das fertiggebracht haben, dann kennen Sie Ihr eigenes Energiefeld. Es ist Ihnen bewusst geworden wie dem Fisch das Wasser. Wenn Sie dann im Alltag immer einen Teil Ihrer Aufmerksamkeit parallel zu all Ihren Tätigkeiten in Ihr Energiefeld lenken, dann haben Sie die höchste Stufe zum Leben im Hier und Jetzt, zum Leben in Glückseligkeit erreicht. Sie sind sich Ihrer Göttlichkeit bewusst!

Diese Übung, Achtsamkeit in sein Energiefeld zu lenken, ist meine Standardübung bei meinen Seminaren und Vorträgen. Am einfachsten gelingt mir selbst der Einstieg über das Energiefeld meiner Füße. Von dort aus ist es lediglich noch eine Absicht und ich verspüre mein Energiefeld auch im gesamten Körper. Das ankert mich zu hundert Prozent in das Jetzt, in das, was ich gerade tue. Diese Präsenz oder auch Energie überträgt sich dann auch auf meine Teilnehmer, die genau spüren, dass sie im Augenblick für mich die wichtigsten Menschen auf der Erde sind. Wenn ich in ein Coaching zum Thema GLÜCKMACHEN gehe, dann kann ich nur dann erfolgreich arbeiten, wenn ich zu hundert Prozent bei der Sache bin. Viele Klienten berichten mir, dass sie sich zum ersten Mal im Leben so richtig ernst genommen gefühlt haben. Das gelingt ausschließlich mit Präsenz im Energiefeld.

4. Glücklich durch vollkommene Hingabe

Ein artverwandter Ansatz zum Leben im Hier und Jetzt besteht in vollkommener Hingabe an das, was ist. Dieser Ansatz ist sowohl sehr pragmatisch als auch sehr spirituell. Löst er doch gleichzeitig das Anhaften an die illusionäre Welt als auch das Leiden auf. Jeder lebt in seiner eigenen Box, in seinem eigenen individuellen Weltsimulator, siehe dazu das Kapitel zum Gehirn, Seite 28.

Leiden ist Widerstand gegen das, was gerade ist. Wenn wir lernen, uns in Gänze mit allen Facetten des Lebens anzunehmen, den Widerstand aufzugeben, dann verschwindet unser Leiden und ein wirkungsvoller Wandel kann geschehen. Solange wir gegen etwas kämpfen, kämpft dieses Etwas zurück. Egal ob es sich um lästige Angewohnheiten, Macken, Leiden, bestimmte Lebenssituationen oder scheinbares Unglück handelt.

Die meisten Menschen gehen ihren eigenen Kreuzweg des Leidens. Sie laufen durchs Leben und bekommen derartig viel Schläge in den Nacken, die sie mit viel Kraft ertragen, bis sie irgendwann auf dem Boden liegen, ausgestreckt wie ein Kreuz, und sagen: »Ich kann nicht mehr. Ich gebe auf. Es ist mir egal, ob ich sterbe. Leben, mach mit mir, was du willst, mir ist es jetzt egal.« Und siehe da, auf einmal hört das Leiden auf, sie erheben sich voller Kraft, Energie und Klarheit. Für manche ist das der Moment der Erleuchtung. Sie gehen im wahrsten Sinne gewandelt weiter. In dem Augenblick, wo jemand sagt, dass er nicht mehr kann, dass er aufgibt, in dem Augenblick gibt er den Widerstand gegen das, was ist, auf.

Nun, das können wir auch freiwillig tun. Wir müssen es erst nicht so weit kommen lassen, dass wir auf dem Boden liegen. Krishnamurti, einer der größten Weisheitslehrer der jüngeren Geschichte, reiste über fünfzig Jahre durch die ganze Welt und hielt Vorträge über die Weisheit des Lebens, zum Teil sprach er vor Tausenden von Zuhörern. In seinem letzten Vortrag sagte er, dass er alles, was er die letzten fünfzig Jahre gelernt und gelehrt hat, in einen Satz zusammenfassen will. Er sagte jenen bedeutsamen Satz: »Ich habe nichts gegen das, was geschieht!« Das ist absolute Widerstandslosigkeit und die totale Aufgabe der Welt der Illusionen. Das ist das Ende des Leidens.

Wie oft haben Sie in Ihrem Leben unglücklich gegen Leiden, Angewohnheiten und Macken gekämpft, und das ohne Erfolg? Irgendwann haben Sie gesagt: »Ich gebe auf, ich kriege das nicht hin.« Kurz darauf konnten Sie in vielen Fällen feststellen, dass Ihr Problem, gegen dass Sie möglicherweise jahrelang angekämpft hatten, verschwunden war. Ich habe sehr lange über den Satz von Krishnamurti philosophiert, er hatte für mich immer etwas den faden Beigeschmack der Ohnmächtigkeit, des Ertragenmüssens. Ich habe deshalb den Satz für mich in eine Absicht, in eine Aktivität umgewandelt, was mehr Macht entspricht. Ich nenne den Satz: »Ich habe nichts gegen das, was geschieht«, anders: »Ich sage radikal Ja zu allem, was ist.« Das Wort »radikal« geht von einer bewussten Absicht aus. »Radikal Ja sagen«, das gibt auch jeglichen Widerstand auf und öffnet jedoch gleichzeitig die Augen für die Schönheit des Jetzt.

Wenn irgendetwas geschieht, dann können wir Widerstand leisten oder einfach radikal Ja zu dem, was gerade ist, sagen. Ich kann eine lästige Drei-Stunden-»Todzeit« am Flughafen abwarten müssen, mich deswegen grämen und Widerstand gegen die Situation hegen. Dann werde ich unglücklich. Oder ich sage bewusst radikal Ja zu dieser Situation. Was passiert, wenn ich das tue? Das Leiden hört augenblicklich auf, meine Augen öffnen sich und ich trete aus dem Schleier der konditionierten Vergangenheit heraus. Ich setze automatisch eine neue Brille auf und sehe nicht mehr durch die gefärbte, konditionierte Vergangenheitsbrille. Ich sehe die Schönheit des Gebäudes, den Blumenkübel mit den wunderschönen Blumen und die hübsche Bedienung, die mir meinen Kaffee bringt. Ich sage weiter radikal Ja zu dem Kaffee, und auf einmal entdecke ich, dass noch leckeres Kakaopulver auf dem Milchschaum ist und daneben ein schönes Gebäck liegt. Ich nehme mein Handy, sage radikal Ja dazu und erfreue mich an der schönen Technik. Der Angerufene nimmt gerade nicht ab und ich sage wieder radikal Ja dazu. Ich freue mich, dass ich mich jetzt entspannen kann.

Selbst bei vielen Schmerzen funktioniert dieser Ansatz und der Schmerz verschwindet, weil wir keinen Widerstand dagegen leisten. Vor einiger Zeit war ich im Urlaub, ich lag auf einer Liege etwa zehn Meter neben einem betonierten Fußweg. Ein kleiner Junge, etwa fünf Jahre alt, rannte vorbei. Ungefähr auf meiner Höhe schlug er voll auf dem Beton auf. Ich wollte schon aufspringen, dachte aber: Warte erst mal ab. Der Junge stand auf, verzog sein Gesicht und schaute sich um. Da niemand da war, der ihn beachtete, schüttelte er sich kurz, schaute noch einmal auf sein aufgeschürftes Knie und rannte weiter. Er hatte einfach keinen Widerstand geleistet. Das Problem war verschwunden. Ich hätte uns Erwachsene gern einmal in dieser Situation gesehen.

Wir tendieren dazu, zu so ziemlich allem Widerstand zu leisten. Wir stehen im Stau und leisten Widerstand gegen das, was ist. Wir erleben Unlustgefühle. Ich bemühe mich, selbst im Stau radikal Ja zum Geschehen zu sagen. Was passiert jetzt? Ich öffne die Augen und entdecke eine schöne bunte Blumenwiese mit großen Greifvögeln, die über ihr kreisen, und erfreue mich daran. Ich schaue mich um, lächle eine nette »Mitstauerin« im Nebenwagen an und erlebe Glücksgefühle.

> **Übung**
>
> **Radikal Ja sagen – selbst bei Schmerzen**
>
> Wenn Sie das nächste Mal Schmerzen verspüren, dann probieren Sie doch einmal folgende Technik aus: Sie beobachten den Schmerz, ohne ihn zu verdammen, ohne Widerstand gegen ihn zu leisten. Am besten fangen Sie mit dieser Technik bei Schmerzen an, die nicht so schlimm sind. Wenn Sie mit starken Schmerzen anfangen, dann ist Ihre Erwartungshaltung, den Schmerz weghaben zu wollen, absolut hinderlich. Dann leisten Sie indirekt Widerstand. Also: Angenommen, Sie stoßen sich ein Bein an der Tischkante. Dann können Sie sagen: »So ein Mist, was für ein höllischer Schmerz!« Das Ergebnis wird sein, dass Sie recht haben und entsprechend leiden. Oder aber Sie beobachten ihn. Sie gehen eine Stufe höher und werden bewusster. Sie könnten sich fragen: »Aha, da werden jetzt gerade Nerven zusammengedrückt, das geht als elektrochemisches Signal ans Gehirn und das gibt mir wiederum eine Information. Wie groß ist der Schmerz überhaupt? Wie sieht er aus, welche Farbe, welches Gewicht hat er, wie ist der Rand des Schmerzes beschaffen …« Ich versichere Ihnen, während Sie auf diese Weise beobachten, können Sie nicht gleichzeitig noch Widerstand leisten. Auf wundersame Weise ist der Schmerz auf einmal verschwunden.

Der kleine Junge hat im Prinzip nichts anderes gemacht. Bewusstes Beobachten, bewusstes Sein, radikal Ja sagen zu dem, was ist, das löst die illusionäre Welt auf, das Leiden, die Unglücksgefühle. Es bringt uns ganz einfach Glücksgefühle. Die Ohnmacht und damit verbundene Unglücksgefühle entstehen oftmals, weil wir die Dinge, die passieren, bewerten und mit den konditionierten Übereinkünften, wie wir etwas zu betrachten haben, betrachten. Das haben wir in der Vergangenheit gelernt und es hat relativ wenig mit der Realität zu tun. Deswegen schauen wir durch die gefärbte Brille der Vergangenheit. Das ist dann keine wirkliche Schau und erzeugt meistens Leiden. Wenn Sie sich dazu entscheiden, ist damit ab jetzt ein für alle Mal Schluss. Ab jetzt: ein radikales Ja zu dem, was ist.

5. Glücklich durch die neue Sichtweise der Stimmigkeit

Jeder, der schon einmal versucht hat, mit jemandem anzubandeln, weiß, dass er zunächst bei seinem potenziellen neuen Partner nach Merkmalen sucht, die zu ihm passen. Sie suchen nach Gemeinsamkeiten. Sie sind erfreut, wenn der andere am gleichen Ort im Urlaub war, das gleiche Buch gelesen hat, die gleichen Ansichten hat, den gleichen Sport macht, die gleichen Eigenheiten oder Macken hat. Dann gibt uns das Belohnungsgefühle. Wir sind glücklich darüber, wenn wir erkennen, was alles bei uns beiden gleichzeitig stimmt.

Jedes Mal, wenn wir erkennen, dass bei uns und unserem Gegenüber etwas übereinstimmt, dann schafft das Vertrauen, dann schafft uns das gute Gefühle. Das hat mit Logik überhaupt nichts zu tun. Stellen Sie sich einmal vor, Sie bereisen ein sehr weit entferntes Land, zum Beispiel Indien. Weiterhin stellen Sie sich vor, dass Sie mitten in Indien auf einmal zufällig drei Deutsche treffen. Diese drei Deutschen hätten in der Regel einen gewaltigen Vertrauensvorschuss und sie würden gute Gefühle bei Ihnen wecken, nur weil es zufällig auch Deutsche sind. Und stellen Sie sich vor, diese drei kämen auch noch zufällig aus derselben Stadt wie Sie. Wahrscheinlich würden Sie ihnen blind vertrauen. Das hat mit Logik nichts zu tun. Es könnten ja auch die schlimmsten Betrüger sein.

Wenn wir einen neuen Partner haben, dann schauen wir in der ersten Zeit im Wesentlichen zielgerichtet mit der Stimmigkeitsbrille auf ihn und seine Eigenschaften. Wir sind entzückt, was wir alles gemeinsam haben, haben Schmetterlinge im Bauch und Verliebtseinsgefühle. Im Laufe der Zeit finden viele dann nichts mehr, was noch alles stimmt. Sie fangen an zu schauen, was alles nicht mehr stimmt. Mit unserer selektiven Wahrnehmung finden wir auch da genügend Merkmale. Wir bekommen Ablehnungsgefühle. Diese verstärken natürlich die negative Sicht. Unser Partner macht uns nicht mehr glücklich, die Beziehung fängt an zu bröckeln.

Dieses Beispiel, was sicherlich die meisten Leser kennen, kann uns aufzeigen, wie Stimmigkeitsmerkmale uns Belohnungsgefühle geben, uns also glücklich machen. Es ist dabei eine einfache und völlig freiwillige Entscheidung, ob wir bezüglich des Merkmals der Stimmigkeit glücklich sein wollen. Wir müssen lediglich uns selbst so oft wie möglich Stimmigkeitsmerkmale bestätigen. Der genetische Pessimist will natürlich das Gegenteil. Hier benötigen wir wiederum die Sicht des Neuzeitrudels. Dem Belohnungsgefühl ist es nämlich vollkommen egal, in welchem Kreis wir Übereinstimmendes finden. Sobald wir uns bewusst machen, dass etwas übereinstimmt, bekommen wir Belohnungsgefühle.

Da sind die Freunde, die wir im engsten Kreis wähnen – Sie erinnern sich an das Modell der Mitmenschen in immer weiteren Kreisen um uns her, siehe Seite 50 –, die sich aber nicht mehr so oft melden oder sich nicht so verhalten, wie wir es gern hätten. Was tun? Wir schieben sie einfach gedanklich in den Kreis der Bekannten und Arbeitskollegen. Da stimmt es dann wieder, und wir bekommen Glücksgefühle. Da ist unser Partner, der sich nicht so verhält, wie wir es gern hätten. Wenn uns klar ist, wie viele potenzielle Partner in den weiteren Kreisen sind, relativiert sich sein Verhalten und wir können ihn lassen, wie er ist, oder wir schieben ihn einfach einen Kreis nach außen, dann bekommen wir wieder Glücksgefühle. Das Schöne daran ist, dass wir unsere Freunde und Lebenspartner dabei nicht einmal verbiegen müssen. Wir können sie so sein lassen, wie sie sind. Das wiederum lässt jede Beziehung oder Freundschaft regelrecht aufblühen.

Wir können uns auch noch auf andere Weise Stimmigkeitsmerkmale schaffen. Es stimmen nicht nur Personen (in irgendeinem Kreis stimmen diese ja immer), nein, es stimmen auch Situationen. Während ich hier schreibe, stimmen mein Laptop und mein Textverarbeitungsprogramm. Wenn es regnet, kann ich mich grämen oder sagen: »Das stimmt jetzt wunderbar für ein schönes Bad oder um einmal aufzuräumen.« So kann es auch sein, dass Sie sich bewusst machen, dass Ihr Auto, Ihr Kunde oder Ihr Chef wunderbar für Sie stimmen.

Es ist ein leichtes Training, sich anzugewöhnen, immer und überall nach Stimmigkeitsmerkmalen zu schauen. Das habe ich mir derart zur Gewohnheit gemacht, dass es eine reine Freude ist. Der Teufel, der den Stimmigkeitsmerkmalen gegenübersteht, das sind unsere Erwartungen. Wir machen Pläne, hoffen darauf, dass irgendwelche Ereignisse eintreten – und dann sieht die Realität oft scheinbar sehr unstimmig aus. Der Anfänger verzweifelt und ergibt sich in Selbstmitleid. Für den GLÜCKMACHENprofi geht es jetzt erst richtig los. Erstens weiß er um die Subjektivität der Wahrnehmung in seiner simulierten Welt. Er weiß, dass die Realität von ihm selbst erzeugt wird, und entscheidet sich für die glückliche Sicht. Alles Geschehen hat zwei Seiten. Wenn sich Ihr ach so wichtiger Termin verschiebt, dann fragen Sie sich doch ganz einfach, was jetzt durch diesen Umstand stimmt. Aha, Sie haben jetzt endlich einmal Zeit für sich selbst gewonnen, das stimmt. Oder Sie können sich jetzt noch professioneller auf diesen Termin vorbereiten. Oder Sie lenken Ihre Gedanken einfach auf das nächstbeste Objekt in Ihrer Umgebung und entdecken, wie toll das Bild in Ihre Wohnung passt. Wie gesagt, dem Glückshormon ist es vollkommen egal, was stimmt, Hauptsache, Sie machen sich die Dinge stimmig. **Was nicht stimmt, wird dann eben stimmig gemacht!**

Wenn Sie die Menschen sein lassen, wie sie sind – warum sollten Sie die Menschen auch verändern? – erleben Sie bessere Leistung, bessere Zielerreichung, ein besseres zwischenmenschliches Verhältnis und bessere Partner- und Freundschaften. Und Sie sind einfach glücklicher.

6. Glücklich durch die neue Sichtweise der Beliebtheit

Dieser Aspekt unserer Sichtweise hat in der Regel dramatische Auswirkungen. In Wahrheit geht dieses Merkmal zurück bis auf die Angst vor dem Tod. Wenn wir in der Urzeit nicht beliebt waren, wurden wir ausgegrenzt. Also heißt mangelnde Beliebtheit letzten Endes Angst vor der Ausgrenzung aus dem Rudel. Wenn wir in der Urzeit ausgegrenzt und aus der Höhle verbannt wurden, dann war das in den meisten Fällen ein sicheres Todesurteil. Draußen warteten der Säbelzahntiger, die Kälte, der Hungertod oder ein feindlicher Stamm. Oder wir mussten frieren, denn wir durften nicht ans Feuer. Im Zweifelsfall gab es auch keine Frau und kein Essen für uns. Angst, ja Todesangst war und ist das originäre Programm, das seit jeher unser Leben beherrscht.

So tragen wir dieses Programm auch heute noch in uns. Das ist mit ein Grund, warum wir statistisch zwischen 50 und 200 Mal pro Tag lügen. Die meisten dieser Lügen lassen sich auf Angst vor Ausgrenzung zurückführen. »Du siehst klasse aus heute! Hat super geschmeckt! Die Farbe steht dir besonders gut! Die neue Frisur ist echt prima! Die drei Kilo stören mich nicht. Deinen Pickel sieht man gar nicht. Nein, dein Hintern ist nicht zu dick, er ist genau richtig …« Warum erzählen wir solche Lügen? Aus Angst davor, wir könnten bei dem anderen nicht mehr beliebt sein, vermeiden wir alles, was irgendwie seine Gefühle verletzen könnte. Das ist auch in den meisten Fällen die Ursache für Vorwände im Verkauf. Bevor der Kunde sagt: »Ich kann dich nicht leiden, ich traue dir nicht oder wir haben nicht die gleiche Wellenlänge«, sagt er lieber, dass er sich die Angelegenheit nochmals überlegen muss, dass er nochmals darüber schlafen muss. Viele Verkäufer haben Angst vor dem Telefonieren. Auch diese Angst geht auf die idiotische Uralt-Todesangst zurück, am Ende die Gefühle des Angerufenen zu verletzen, ausgegrenzt zu werden, um dann außerhalb der Höhle zu sterben. Natürlich ist es nicht so, dass wir jedem geradeheraus ins Gesicht sagen sollten, wie schlimm sein Pickel ist. Wenn Sie auf diese Weise durchs Leben gehen, dann leben Sie wahrhaftig irgendwann allein, weil man sie natürlich ausgrenzt. Dieses Kapitel ist auch kein Aufruf, seine Höflichkeit über Bord zu werfen. Aber es ist wichtig zu wissen, warum wir so ticken und dass solche subtilen Ängste nicht nötig sind, denn wir leben einfach nicht mehr in der Urzeit. Niemand erschlägt uns.

Zusammengefasst ist es also lediglich eine falsche Sichtweise, dass wir auch heute noch in solch einem Minirudel leben. Da steht der hochintelligente, erfolgreiche Software-Ingenieur in der Diskothek, hält sich an seinem Glas fest, schaut nur rum und macht nichts. Er traut sich nicht, die hübsche Dame schräg gegenüber anzusprechen, die ihm so gefällt. Warum? Aus Angst vor Abfuhr und Ausgrenzung. Diese Angst wäre auch berechtigt, wenn es nur diese eine Frau in der Höhle gäbe. Es gibt aber heute Tausende. Also falsche Urzeitsicht. Er hat alles Mögliche Schlaue gelernt, nur es nützt ihm nichts, wenn er nicht lernt, einmal seine Sicht anzupassen.

Wie sieht denn die neue Sicht aus? Wenn wir uns unsere Wellenkreise nochmals in Erinnerung rufen, dann stellen wir fest, dass unser Rudel riesig ist. Kulturell gesehen gehört auf jeden Fall das gesamte Europa dazu. Viele könnten aus äußeren Kreisen jederzeit zu einem inneren Kreis gehören. Wir hätten noch nicht einmal die Zeit, alle in unseren inneren Kreis zu holen oder eine Beziehung mit allen Personen im inneren Kreis zu führen. Schauen Sie doch einmal bewusst hin, wer Ihnen alles ähnlich ist. Denn Ähnlichkeit erzeugt Vertrautheit, und Zusammengehörigkeit entsteht durch Vertrautheit. 99,9 Prozent unserer Gene sind gleich. Wir sind uns alle ähnlich. Als ich vor Kurzem zu einem neuen Kunden auf den Hof vor seinem Büro fuhr, stand der Mann zufällig dort. Als ich ausstieg, sagte er: »Sie müssen Herr Pfeifer sein. Unglaublich, Sie fahren ja das gleiche Auto wie ich. Wie sind Sie so zufrieden damit?« Dadurch, dass wir zufällig das gleiche Auto fuhren, war sofort Vertrauen da. Das Eis war augenblicklich gebrochen.

Also finden Sie indirekt Beliebtheitsmerkmale allein schon dadurch, dass Sie mit anderen Personen in derselben Situation (Disco, Einkaufszentrum, Konzert, Spaziergang) sind. Was verbindet Sie mit den anderen? Was ist der gemeinsame Nenner? Woran könnten Sie erkennen, dass Sie beliebt sind? Diese Fragen sollten Sie sich stellen.

Es ist also wichtig, sich ganz einfach so oft wie möglich bewusst zu machen, dass man beliebt ist. Aus der spirituellen Sicht ist das überhaupt kein Problem, weil man sich dann mit allen in Liebe verbunden fühlt. Es reicht aber auch schon das Lächeln eines sympathischen Menschen, um sich bewusst zu machen, dass man beliebt ist, dass man gemocht wird. Die freundliche Begrüßung des anderen, der Autofahrer, der einem die Vorfahrt schenkt … Wenn Sie einmal anfangen, bewusst auf diese Merkmale zu achten, werden Sie feststellen, dass Ihr ganzes Leben mit dem Merkmal des Beliebtseins erfüllt ist. Auch für diese Glücksaktivität benötigen wir nichts als Aufmerksamkeit und Bewusstheit. Im Wesentlichen handelt ja das ganze Buch von Bewusstheit. Bewusstheit macht glücklicher.

7. Glücklich durch Eigenverantwortung

Eigenverantwortung übernehmen, das ist vielleicht der lohnendste Schritt im Leben eines Menschen, privat und beruflich. **Eigenverantwortung ist Macht, ist Bewusstheit!** Keine Eigenverantwortung ist Machtlosigkeit, Unbewusstheit, Ohnmacht, ist die Vorstufe vor dem Tod!

Harte Worte, aber die meisten Menschen haben Ihre Göttlichkeit und damit Ihre Macht vergessen. Sie ergeben sich dem Strom der Zeit. Unbewusst leben sie als Reiz-Reaktions-Verstärkungs-Maschine.

Täglich das gleiche Programm der vier Fs: Feierabend, Filzpantoffeln, Flaschenbier, Fernseher ... Für viele Menschen besteht das Leben in einem derartig geregelten Rhythmus, dass jede Störung dieses Rhythmus einer kleinen Katastrophe gleichkommt. Vollkommen unbewusst wie in Trance fahren sie Jahr für Jahr an denselben Platz in den Urlaub, gehen das ganze Jahr zum Essen zum gleichen Italiener, sitzen immer am selben Tisch und bestellen dasselbe Essen. Und wehe, der Tisch ist einmal besetzt oder die Speisekarte hat sich geändert.... Was hat das mit Leben zu tun? Im Prinzip sind solche Menschen lebende Tote, die weiter Sauerstoff verbrauchen.

Auch das sind harte Worte, aber die Eintönigkeit des ach so geregelten Leben führt zu diesem Ergebnis. Das macht unglücklich. Wir wissen ja bereits, dass das Glückshormon auf Unterschiede reagiert. Wieso fehlt uns die Eigenverantwortung? Sie ist uns genetisch und durch die Erziehung abgewöhnt worden. In der Urzeit war es sehr gefährlich, mal einfach so Eigenverantwortung zu zeigen und sein Ding zu machen. Mit etwas Pech hätte es dem Rudelführer nicht gefallen und er hätte uns einfach erschlagen. Besser, man hält sich zurück, tut das, was alle tun, und ergibt sich der Ohnmacht. Immerhin lässt es sich so relativ sicher überleben. Aber auch heute lernen wir das gleiche Programm in der Schule. Ich war früher in der Schule ein wilder Junge. Wenn ich etwas angestellt oder jemanden verprügelt hatte, dann stand ich vor der Wahl, wenn der Lehrer fragte: »Wer war das?« Ich zeigte Eigenverantwortung, indem ich sagte: »Ich war es!« Dann konnte ich lernen, dass es mir hinterher schlechter ging wie vorher. Also lernte ich beim nächsten Blödsinn und Streich, dass ich besser anders auf die Frage antworten sollte: »Ich weiß auch nicht, wer das war, ich war es nicht, es kam irgendwie von den anderen.« Aha, kein Schmerz, keine Nachteile. Und so zieht es sich durch das Leben. Die meisten meiner Coachingteilnehmer berichten sinngemäß: »Wenn ich andere Eltern gehabt hätte, wenn ich in einem anderen Ort geboren worden wäre, wenn meine Eltern mir eine bessere Schulbildung ermöglicht hätten, wenn ich diese Frau/diesen

Mann nie geheiratet hätte, wenn, wenn, wenn … ja, dann wäre mein Leben positiv verlaufen.« Ja, ja, die anderen sind daran schuld. Eigenverantwortung heißt: »Ich bin daran schuld!«

Bei Begrüßungen habe ich oft folgenden Scherz auf den Lippen. Wenn ich frage, wie es geht, und der andere antwortet mit »Gut«, dann sage ich oft: »Selbst daran schuld!« Die meisten schauen mich an, als hätte ich sie angegriffen, dabei meine ich es genau so, wie ich es gesagt habe. Wer soll denn auch sonst daran schuld sein? Der Weihnachtsmann?

Eigenverantwortung heißt ganz einfach: Entscheiden. Entscheiden kommt von scheiden, man scheidet klar zwischen radikal Nein und radikal Ja. Nein zu: Die anderen sind daran schuld, mein Lebenspartner, meine Eltern, mein Chef, die Konjunktur, die Finanzkrise, mein Ort; in dem ich aufgewachsen bin, meine Nationalität, mein Geschlecht, meine Schulden, mein Gott oder »die da oben«. Aber Ja zu: Für meine Lebensumstände bin ich selbst verantwortlich, ich setze mir eigene Ziele, ich kontrolliere mich selbst, ich fordere und motiviere mich selbst, ich entscheide, welche Erfahrungen ich machen möchte, ich mache mich selbst glücklich, ich liebe mich selbst!

Dass Sie mit Eigenverantwortung, also mit eigenen klaren Entscheidungen glücklicher sind, haben Sie vermutlich schon selbst erlebt. Vielleicht standen Sie in Ihrem Leben einmal vor einer Entscheidung. Einmal angenommen, es handelte sich um eine wesentliche Sache, dann weiß ich, dass es Ihnen vor der Entscheidung schlecht ging. Die meisten sind mies drauf, trinken zu viel, wälzen sich im Bett hin und her und bekommen Magenprobleme. Das Leben verläuft unglücklich und hat keine Qualität mehr. Wissen Sie, wann es Ihnen wieder gut ging? Richtig, genau ab dem Zeitpunkt, als Sie sagten: »So mache ich das jetzt!« Als Sie eine Entscheidung getroffen hatten, als Sie Stellung bezogen hatten, als Sie Ihre Macht wiedergefunden hatten.

Psychologisch gesehen ist es ohnehin egal, wie Sie entscheiden. Hinterher ist es für Sie immer richtig. Dafür sorgt Ihre linke, rationale Gehirnhälfte, die alles logisch erklärt. Sie wird Ihnen im Zweifelsfall genügend rationale Argumente liefern, dass die getroffene Entscheidung richtig war. Betriebswirtschaftlich entsteht mehr Schaden durch »Nicht-Entscheiden« als durch »Fehl-Entscheiden«. Ein chinesisches Sprichwort sagt: »Einen Fehler zu machen und ihn nicht zu korrigieren, erst das bedeutet, einen Fehler zu machen.«

Wenn wir aber wissen, dass wir die Wahl haben, dann bekommen wir Freiheits- und Glücksgefühle. Es ist definitiv so, dass uns heute niemand mehr erschlägt, wenn wir eine Entscheidung treffen. Wieso sollten wir uns denn immer noch so verhalten? Einfach wegen der genetischen und erlernten Urzeitsicht? Blödsinn! Das macht uns doch nur unglücklich. Sie können machen, was Sie wollen. Wenn Sie heute die Entscheidung treffen, in fünf Jahren in Australien zu leben, dann jammern Sie nicht rum: Wie soll das bloß gehen? Wenn Sie wollen, dann geht es auch. Wie, das zeige ich Ihnen im Kapitel zum erfolgreichen Manifestieren noch auf. Das Einzige, womit Sie leben müssen, ist die Konsequenz Ihrer Entscheidung. Sterben werden Sie nicht und erschlagen werden Sie auch nicht. Aber Sie wollen genau wissen, was passieren wird. Doch woher kommt dieser Wunsch? Anerkennung? Kontrolle? Sicherheit? Das Thema hatten wir bereits. Sie wissen, dass lediglich Angst darunter liegt und dass sie das Gegenteil der Liebe ist. Auch das Thema Selbstliebe hatten wir bereits. Sie dürfen mich an dieser Stelle gern verfluchen. Ich liebe Sie dennoch.

Es gibt niemanden über Ihnen, der Ihnen etwas verbieten könnte. Ihr Leben läuft letzt live und ist kein Leben auf Probe. Für viele Menschen fängt das Leben erst mit 50 Jahren so richtig an. Statistisch sterben dann oft ihre Eltern und sie müssen sich zumindest dort nicht mehr rechtfertigen. Endlich bin ich frei. Endlich kann ich machen, was ich will. Aber warum fangen Sie nicht gleich an?

8. Glücklich durch Lachen, oder wenigstens Lächeln

Lachen ist gesund. Lachen macht glücklich. Lachen macht Glückshormone. Also sollten wir lachen. Aber wie? Die Wissenschaft der Physiognomie hat herausgefunden, dass es eine Onlineverbindung zwischen dem Gehirn und den Muskeln gibt. Das ist ähnlich wie bei einer Marionette, wobei wir uns die Fäden als Nervenbahnen vorstellen können. Wenn wir also sagen: »Finger, bewege dich«, dann geht das Kommando vom Kopf bis zum Finger, der sich dann auch bewegt. Diese Onlineverbindung geht aber nicht nur von oben nach unten, sondern auch von unten nach oben! Das können Sie gleich beim Lesen einmal direkt ausprobieren:

> **Übung**
>
> **Augenbrauen-Test**
> Ziehen Sie jetzt einmal die Augenbrauen hoch, so hoch Sie können. Noch mehr. Maximaler Vollanschlag! Während Sie jetzt die Augenbrauen nach oben gezogen haben, werden Sie einmal böse und aggressiv. Sie merken, das geht gar nicht. Sie können nicht aggressiv werden, wenn die Augenbrauen oben sind. Das geht nur bei zusammengezogenen Augenbrauen.

Wenn Sie die Augenbrauen zusammenziehen, dann sagt man zu Ihnen: »Schau doch nicht so böse!« Sie haben sich jetzt eben selbst bewiesen, dass es eine Onlineverbindung von unten nach oben gibt. Jetzt haben die Wissenschaftler der Physiognomie weiterhin herausgefunden, dass unser Gehirn es als einen Ist-Zustand ansieht und die entsprechenden Hormone ausschüttet, wenn wir die Muskeln etwa 60 bis 90 Sekunden bewusst beeinflussen. Nehmen wir diese Erkenntnis ernst, dann kann das nur Folgendes bedeuten: **Wir müssen lachen, und das mindestens 60 bis 90 Sekunden lang!**

Wichtig ist dabei: Wir müssen nicht unbedingt laut lachen, aber richtig. Ein richtiges Lachen ist immer verbunden mit dem Mund und den Augenringen. Wir müssen so tun, als wäre es wirklich lustig. Wenn wir das einfach mal simulieren, realisiert unser Gehirn Folgendes: Donnerwetter, da unten freut sich ja jemand, na gut, dann schütte ich halt eben Freudenhormone aus. So einfach ist das. Sie können sich mit dieser Methode jederzeit glücklich machen. Auch dieses Programm gehört zu meinem Standardprogramm, zumindest am frühen Morgen. Da ich in meinem Geschäft mit Menschen zu tun habe und ganz einfach Stimmung und Energie übertrage, ist es für mich wichtig, ganz einfach in guter Stimmung zu sein. Zu Beginn habe ich die Lachübung täglich mit der Stoppuhr gemacht. So lange, bis ich auch ohne Stoppuhr auf mindestens zwei bis drei Minuten Lachen (während meiner Morgentoilette) kam. Aber täuschen Sie sich nicht. Wenn Sie die Übung wirklich machen, dann merken Sie erst, wie lange 90 Sekunden dauern. Die meisten Menschen haben zu wenig Lachübung und kaum Lachmuskeln. Denen zieht es schon nach 20 Sekunden schmerzhaft hinter den Ohren. Ist das bei Ihnen so? Eine klare Diagnose, dass Sie zu wenig lachen.

Als Kinder haben wir oft und viel gelacht, doch selbst das hat man uns abgewöhnt. Im Gottesdienst mussten wir gefälligst ernst und würdevoll schauen. Wenn wir in der Schule viel gelacht haben, dann gab das schnell einen Eintrag ins Klassenbuch. Und im Geschäftsleben gilt viel Lachen gar als oberflächlich. Ernst und würdevoll müssen wir schauen. Am besten so, als hätten wir permanent Megastress. Dann sind wir wichtig. Wenn ich auf meinen vielen Geschäftsreisen im Flughafen sitze und die klassischen Business-Reisenden beobachte, dann denke ich oft: Von welchem Teufel werden die denn gehetzt? Ernste Gesichter, entweder am Laptop arbeitend, telefonierend oder die Börsenzeitung studierend. Anschließend im Flugzeug lacht auch kaum einer. Das färbt ab. Ich habe den Eindruck, manche gehen wahrscheinlich zum Lachen heimlich in den Keller, damit es bloß niemand mitbekommt.

Es ist wie mit allem im Leben: Was nicht gebraucht wird, verkümmert. Auch darüber sollten Sie lachen. Es gibt eigentlich immer etwas zu lachen, wenn Sie mit offenen Augen durchs Leben gehen. Und wenn Sie einmal nichts finden, dann lachen Sie einfach so. Dem Glücksgefühl ist es egal, ob wir es ein wenig veräppelt haben. Und wenn Sie sich nicht trauen, in der Öffentlichkeit zu lachen, dann legen Sie doch wenigstens ein leichtes Lächeln auf die Lippen. Das hilft auch und macht Sie definitiv beliebter. Miesepeter sind out und leben am besten allein, was sie auch meistens tun.

9. Glücklich durch die richtigen Fragen

Fragen sollen glücklich machen? Ja, genau, Fragen können uns glücklich oder auch unglücklich machen. Indirekt wusste das schon Gautama Buddha, der schließlich ein Erleuchteter oder auch Erwachter war. Er sagte: »Herrschaft über das Denken ist Herrschaft über Leib und Seele.«

Wow, was für ein Satz! Herrschaft über das Denken soll Herrschaft über Leib und Seele bringen. Gar nicht so einfach. Wie sang Juliane Werding so schön? »Wenn du denkst, du denkst, dann denkst du nur, du denkst ...« Wie sollen wir denn Herrschaft über das Denken erhalten? Es gibt Trainerkollegen von mir, die sagen: »Pass auf, was du denkst!« Toll, am Anfang des Buches konnten Sie lesen, dass wir zwischen 60 000 und 80 000 Gedanken am Tag denken. Die zu kontrollieren ist so gut wie unmöglich. Wie also sollen wir es lösen? Und was hat das mit Glücksgefühlen zu tun?

Es gibt noch eine weitere Erkenntnis zum Thema: **Alles Denken im Wachzustand ist lediglich eine Abfolge von Frage und Antwort.** Wenn Sie zum Einkaufen gehen, dann fragen Sie sich, was Sie benötigen, wo Sie parken, ob Sie im Supermarkt den linken oder rechten Weg wählen, ob Sie die große oder die kleine Packung nehmen, ob das Verfallsdatum okay ist, ob der Preis passt und so weiter. Zunächst also immer die internen, eigenen Fragen, dann die Antwort. Diese wird zu einem Gefühl und danach erfolgt die Handlung.

Vielleicht fragen Sie sich jetzt, wie Sie mit dieser Erkenntnis glücklicher werden sollen? Wenn es stimmt und wenn Buddha recht hatte, dann könnten wir ja die Qualität von Geist und Seele, also unsere Glücksgefühle, verbessern, wenn wir die Qualität der Antworten verbessern würden. Um verbesserte Antworten zu erhalten, müssten wir ganz einfach verbesserte Fragen stellen. Und in der Tat, genau so ist es. **Indem wir bessere Fragen stellen, erhalten wir bessere Antworten und damit automatisch bessere Gefühle.**

Was aber sind das für Fragen, die wir uns stellen sollen? Und können wir uns diese Fragen überhaupt merken? Jawohl, das können wir, denn es gibt nur zwei Kriterien, die wir einhalten müssen:

1. Glücksgefühlsfragen richten sich in die Zukunft.
2. Glücksgefühlsfragen sind positiv.

Wenn wir uns nicht gut fühlen, dann liegt das in der Regel am Denken. Ich erinnere: Aus einem Wort entsteht ein Bild, daraus ein Gefühl und daraus dann die Handlung. Das heißt, dass wir in der Regel emotional auf das reagieren, was an Informationen auf uns einströmt. Wir sind scheinbar Opfer. Wir können uns jedoch auch entscheiden, gute Gefühle zu entwickeln und aus der Opferrolle zu entschlüpfen.

Wenn zum Beispiel irgendetwas geschieht, dann fragen wir in der Regel in die Vergangenheit gerichtet, und das auch noch negativ. »Warum musste ausgerechnet mir das passieren? Wieso musste ich das eine Bier noch trinken? Wieso habe ich dieses Weib geheiratet? Wieso hat es mit meiner letzten Beförderung nicht geklappt?« Sie könnten jedoch bei allen Erlebnissen auch positiv in die Zukunft fragen: »Was ist das Positive an dieser Situation? (Wir wissen, jede Medaille hat zwei Seiten.) Wie komme ich durch diese Situation meinem Lebensideal näher?« Augenblicklich bekommen Sie vollkommen andere Antworten und Gefühle. Sie bringen die Angelegenheit in einen positiven, höheren Zusammenhang. Das bringt Ihnen Motivation und Glücksgefühle. So einfach ist das, und es funktioniert in allen Situationen.

Indem wir den Dingen in unserem Leben, die nun einmal passiert sind, durch die richtigen Fragen eine neue Sichtweise geben, sind wir nicht mehr Opfer, sondern Herr unserer Gefühle. Wir reagieren nicht mehr automatisch, unbewusst und meistens so, dass wir unglücklich sind, sondern bewusst. Wir haben die Macht über unsere Gefühle wiedererhalten.

Als mein Sohn einmal mit blauen Flecken von einer Veranstaltung nach Hause kam, fragte ich zunächst, was passiert war und wie er das hätte verhindern können. Nun, dass dieses Gespräch weder ihm noch mir Glücksgefühle verursacht hat, liegt auf der Hand. Anschließend habe ich jedoch umgeschaltet. Was ist das Positive an dieser Situation? Wie ändert sich durch dieses Geschehen die Zukunft positiv? Nun, auch hier war die Antwort klar: Für die Zukunft würde er sich komplett anders verhalten und umsichtiger durch sein Leben gehen. Es ging uns beiden deutlich besser und ich war dankbar dafür, dass mein Sohn diese Erfahrung gemacht hatte. Die Sache war, wie sie war, aber wir hatten beide dennoch glückliche Gefühle.

Oder ein anderes Beispiel: Als bei einem großen Unwetter bei mir zu Hause die Garage etwa 20 Zentimeter hoch mit Wasser stand, ärgerte ich mich zunächst logischerweise und stellte prompt die falsche Fragen. Wieso hatte ich keine Sandsäcke zu Hause? Wieso hatte ich keine Pumpe, um direkt das Wasser wegpumpen zu können? Wieso war ich zu stolz, die Feuerwehr zu rufen? Wieso musste ausgerechnet mir so etwas passieren? Ergebnis: Meine Stimmung war derartig mies und ich war gereizt, dass ich mich am liebsten auch gleich in dieser Garage ertränkt hätte. Irgendwann fiel mir dann auf, dass ich Depp doch glatt meine Macht abgegeben und vergessen hatte, dass ja alles lediglich eine Frage der Sicht ist. Also umschalten: Was ist das Positive an dieser Situation? Wie ändert sich dadurch meine Zukunft positiv? Auch bei diesen Fragen bekam ich Antworten. Die Garage sollte schon seit Monaten geräumt werden. Der ganze Plunder, der sich im Laufe der Zeit dort angesammelt hatte, würde nun endlich entsorgt werden. Ich würde wieder Ordnung haben, und der Anstrich, der dringend gemacht werden sollte, würde nun endlich durchgeführt und vielleicht sogar von der Versicherung bezahlt. Geil! Die Garage war immer noch voll Wasser, aber ich war wieder gut drauf.

10. Glücklich durch das Vermeiden von Grübeleien

Wie Sie bereits lesen konnten, sind wir oftmals am Hirnwichsen. Wir grübeln uns zu Tode. Wir leiden unnötig und machen uns selbst unglücklich. Schon mein Lieblingsphilosoph Seneca sagte: »Wer sich sorgt, bevor es nötig ist, der sorgt sich mehr, als nötig ist!« Und Ludwig Uhland meinte in *Fortunat und seine Söhne*: »Nimm alles leicht! Das Träumen lass und Grübeln! So bleibst du wohl bewahrt vor tausend Übeln!« Grübeln ist die reinste Hölle. Grüblerei entstammt dem Ego, dem Verstand und ist meistens eben nichts anderes als Hirnwichserei. Dem Verstand will dem, was ist, immer irgendetwas hinzufügen, er will immer etwas verändern. Er macht uns glauben, dass dann alles besser wäre. Grübeln ist, wie bereits gesagt, Spannungsabbau im Kopf.

Wenn uns etwas ärgert, malen wir uns die Rache oder eine Antwort, die in der entsprechenden Situation besser gewesen wäre, stundenlang im Geiste aus. Aber wir tun nichts, wir können heute meist nichts mehr tun. Wir rattern es im Kopf durch. Und genau das ist Spannungsabbau im Kopf, Hirnwichserei. Der Urmensch hatte keine

Probleme damit. Er hat die Ärgernisse gleich körperlich erledigt. Uns hingegen scheint das Grübeln direkt in die Wiege gelegt geworden zu sein. Solange wir noch nicht vollkommen im Hier und Jetzt sind, grübeln wir. Grübler sind meistens Miesepeter. Das Gehirn arbeitet immer und lässt sich nicht ausschalten. Man könnte meinen, es hätte ganz einfach Spaß daran, uns zu quälen. Es plappert unablässig vor sich hin. Was plappert es? Meistens dreht es sich um uns, um unsere eigene Geschichte. Wir und der Rest des Universums. Und diese Geschichte dreht sich um Probleme. Irgendwie scheint das Leben immer etwas problematisch zu sein.

Übung

Der beste Umgang mit dem Gegrübel

Um das Grübeln zu reduzieren und damit zu mehr Glücksgefühlen zu kommen, möchte ich Ihnen ein Vier-Punkte-Programm geben:

- Beenden Sie jeden Tag mit dem Gedanken, Ihr Bestes gegeben zu haben. Daraus wird schnell eine Gewohnheit. Sie werden gelassener, entwickeln mehr Selbstliebe und reduzieren Ihre Grüblerei. An dieses neue kleine Ritual müssen Sie natürlich auch erst einmal denken. Am besten ist es, sich einen kleinen Reminder neben das Bett zu stellen. Er erinnert Sie allabendlich daran, dass Sie daran denken wollten, wo Sie heute überall Ihr Bestes gegeben haben. Nebeneffekt: Ihr Leben wird leichter und angstfreier.
- Vermeiden Sie die Grüblerei durch Ablenkung, Ablenkung und nochmals Ablenkung. Durch Ablenkung kommen Sie aus der grüblerischen Lethargie, vermeiden Depressionen, Sie entwickeln Glücksgefühle und kommen in das Jetzt. Machen Sie es sich zur Gewohnheit, ständig nach Ablenkung zu suchen, insbesondere dann, wenn Sie nichts zu tun haben und irgendwie nur so herumsitzen. In diesen Phasen kann unser Plappermaul (der Verstand, der sich meistens mit Problemen beschäftigt) so richtig ungestört loslegen. Das sind die Phasen, an denen Sie am meisten grübeln. Stehen Sie auf und lenken Sie sich mit etwas Schönem ab.
- Wenn Sie Ihr Grübeln überhaupt nicht stoppen können, dann lassen Sie es einfach zu. Sagen Sie radikal Ja zu Ihrem Gegrübel. »Ja, jetzt grüble ich halt.« Es wird verschwinden. Sie können sogar sagen: »Ja, okay, ich grüble, aber nicht jetzt und schon gar nicht über

> **Übung**
>
> Probleme. Das mache ich heute Abend um 20 Uhr.« Auch damit haben Sie den Widerstand aufgegeben. Ob Sie am Abend um 20 Uhr noch grübeln, halte ich für sehr fraglich.
> - Die letzte Möglichkeit bei wirklich schwierigem Gegrübel: Reden Sie mit einem vertrauenswürdigen Menschen über Ihre Gefühle und die Gedanken, die Sie zum Grübeln bringen. Ein guter Freund ersetzt den Therapeuten. Früher, im Drei-Generationen-Haus, hatten wir dafür die verständnisvolle Oma. Heute ist das eher selten (was für Coachs wie mich letztlich sogar gut ist, aber für wen noch?).

11. Glücklich durch Hilfsbereitschaft und Freigiebigkeit

Wie heißt es doch so schön? »Geben ist seliger denn nehmen.« Ich denke, die meisten Menschen würden lieber etwas erhalten als etwas zu geben. Wenn wir etwas erhalten, dann produzieren wir doch erst so richtig Freuden- und Glückshormone. Das ist richtig und jeder, der schon einmal ein Geschenk bekommen hat, weiß, wie schön das ist. Jeder, der schon einmal Hilfe erhalten hat, kennt das wunderschöne Glücksgefühl, das damit verbunden ist. Wieso soll also Helfen und Geben Glücksgefühle entstehen lassen? Ganz einfach, weil wir nichts geben können, was wir nicht haben. Wir können zum Beispiel keine Liebe geben, wenn wir nicht selbst welche empfinden. Wir können nicht helfen, ohne Mitgefühl mit unserem Mitmenschen zu entwickeln. Wenn wir etwas geben, dann heißt das, dass wir es auch selbst haben. Wir beweisen uns beim Geben und Helfen, dass wir selbst etwas haben, und glauben entsprechend auch, dass wir es haben.

»Wer hat, dem wird gegeben«, können Sie in der Bibel lesen. Und auch an anderen Stellen hört man ja oft, dass man das, was man gibt, vervielfacht zurückbekommt. Wieso? Weil wir es uns in erster Linie selbst geben. In unserem Kopf gibt es einen Bereich, das sogenannte lymbische System, zuständig für die Verarbeitung von Emotionen und Trieben. Dieses System kann nicht zwischen innen und außen unterscheiden, und es kennt keine Zeit. Das also führt dazu, dass wir alles, was wir geben, letztlich uns selbst geben. Da dieses lymbische System nicht zwischen innen und außen, also zwischen uns und dem anderen unterscheidet, dann haben wir alles, was wir geben, für unser lymbisches System gleichzeitig auch selbst erhalten. Wir können uns also keinen größeren Gefallen tun, als anderen zu helfen und anderen zu geben. Leichter können wir uns nicht selbst beschenken – im Kopf beschenkt uns das lymbische System. Der beste Nebeneffekt ist jedoch, dass wir durch Helfen und Geben uns selbst beweisen, dass wir haben. Nicht nur in der Bibel steht, dass wir unseren zehnten Teil geben sollten. Wir bekommen es auch von den Supererfolgreichen vorgemacht, die fast alle spenden oder sogar eine eigene wohltätige Einrichtung gründen. Einfach clever.

Natürlich müssen wir aufpassen, dass wie als Geber nicht ganz einfach ausgenutzt werden, jedoch geht es bei unserem Geben in letzter Konsequenz weniger um die anderen als um uns selbst. Das verstehen ganz wenige. Viele sagen sich: »Was soll ich denn schon geben, ich habe doch selber nichts!« Aha. Wenn ich sage: »Ich habe doch selber nichts!« Was glaube ich dann? Dass ich selber nichts habe. Was erhalte ich dann? Logischerweise auch: nichts.

Geben können wir alles. Geld und Waren, aber auch Zeit, ein offenes Ohr, handwerkliche Hilfe oder kleine Gefälligkeiten. Es soll niemand sagen, er hätte nichts zum Geben. Jeder Einzelne hat diesbezüglich Möglichkeiten. Und eines haben wir alle im Überfluss, und das sogar kostenlos. Wir können allen Menschen Liebe geben! Das erfordert zunächst einmal, dass wir mit offenen Augen durchs Leben gehen müssen. Hinschauen, bewusst werden. Da haben wir wieder die Sache mit dem bewussten Sein. Mitgefühl entwickeln kann nur derjenige, der auch bewusst mitbekommt, was da denn zu fühlen ist.

Mein Opa war so jemand. Er hatte als Rentner natürlich die entsprechende Zeit. Aber allein, dass ich (und natürlich auch andere) mit allerlei Problemen zu ihm gehen konnten – er konnte und wusste so ziemlich alles – hat ihn nicht nur beliebt gemacht, nein, es hat ihn auch regelrecht glücklich und ausgeglichen gemacht. Viele Menschen geben nichts, weil sie glauben, dass sie dann weniger hätten. Sie halten alles fest, ob es Mitgefühl oder Liebe ist oder ganz profan einfach Geld. In der Regel ist es jedoch so, dass wir alles, was wir festhalten, verlieren werden. Sei es Geld, Liebe oder auch der Lebenspartner. Vielleicht liegt ja genau an diesem Punkt die Ursache dafür, dass wir mit Hilfsbereitschaft und Geben nur gewinnen können und uns dabei noch selbst glücklich fühlen.

Als ich vor einiger Zeit mit meinen Söhnen in Lindau in einem Biergarten saß, kam ein Mann vorbei und legte schön gemalte Postkarten auf den Tisch und einen Zettel, auf dem stand, dass er taubstumm sei. Ich kaufte ihm einige Karten ab. Meine Söhne waren regelrecht entsetzt. »Wie kannst du dem die Karten abkaufen, wer weiß, ob er wirklich taubstumm ist? Vielleicht ist das ein Betrüger!« Ich antwortete: »Vielleicht ist das ein Betrüger. Ich habe das Empfinden, dass er wirklich taubstumm ist. Das Empfinden reicht mir. Es geht im Übrigen überhaupt nicht um ihn, sondern um mich. Ich habe gegeben. Ich habe mir bewiesen, dass ich habe. Ich habe meinen Glauben durch Handlungen verstärkt. Ich glaube nun noch mehr, dass ich habe, und werde aufgrund meines Glaubens erhalten. Außerdem habe ich mir das, was ich ihm gegeben habe, innerlich auch selbst gegeben. Und so erhalte ich ein schönes Gefühl. Was will ich mehr?« Die Gesichter meiner Jungs waren etwas verdutzt, jedoch verstanden sie, was ich meinte. Gelegenheiten wie diese gibt es sehr viele im Leben. Wie müssen nur hinschauen und handeln. Wir bekommen es doppelt und dreifach zurück.

12. Glücklich durch Dankbarkeit

Dankbarkeit zu entwickeln ist eine hervorragende Methode, um seine unglücklichen in glückliche Sichtweisen zu verändern. Viele Erfolgstrainer empfehlen, dass man ein Dankbarkeitstagebuch schreiben sollte. Man solle sich jeden Abend notieren, für was man heute alles dankbar sein kann. Dankbar für das tolle Frühstück, für die sichere Fahrt zum Arbeitsplatz, für das tolle Gespräch, für das funktionierende Auto und sonstige Gegenstände. Aber auch Dankbarkeit dafür, dass wir in einem solchen sicheren Land leben, dass wir gesund sind, tolle Kinder haben und so weiter. Es gibt einfach Unzähliges, wofür wir dankbar sein können, und indem wir diese Dinge abends notieren, switchen wir von negativen Gefühlen auf Glücksgefühle um. Manch einer schafft sich ein Symbol, ähnlich einem Knoten im Taschentuch, welches ihn immer daran erinnert, an etwas zu denken, wofür er dankbar ist. Das ist unbedingt zu empfehlen und eine tolle Sache.

Da es sich in diesem Buch jedoch um GLÜCKMACHEN, also auch um das Erschaffen seiner eigenen Realität handelt, empfehle ich eine Übung, die sowohl Dankbarkeit als auch Urvertrauen schafft und gleichzeitig dasselbe Umswitchen der Gedanken mit sich bringt. Diese Übung stammt aus dem Altertum, und zwar von den Stoikern: Die Schüler dieser philosophischen Richtung sollten jeden Morgen aufschreiben, wofür sie dankbar sind, dass es heute in positiver Weise passiert. Diese Übung widerspricht natürlich dem menschlichen Denken. Das sagt eher: »Erst einmal schauen, ob es klappt, dann kann ich ja immer noch dankbar sein.« Das ist natürlich keine Kunst. Da steckt der Zweifel mit drin. Und Zweifel ist die Verweigerung an einen Gedanken. Wir werden nie unser Glücksgefühl erreichen, wenn wir daran zweifeln. Auch der Zweifel wird sich bestätigen, indem das gewünschte Resultat einfach nicht eintrifft.

Jesus Christus dankte Gott, seinem Vater, **bevor** er ein Wunder tat! Bevor er zu Lazarus in die Gruft rief, betete er und dankte Gott, dass er das tun konnte. Das ist Urvertrauen. Die Sache war einfach schon klar. Dieses unerschütterliche Urvertrauen entwickeln Sie durch diese Übung ganz einfach mit. Das ist mehr, als nur zu danken. Es ist wiederum die Vorraussetzung für erfolgreiches Manifestieren, Erschaffen. Denn da ist kein Patz für irgendwelche Zweifel.

Übung

Die Urvertrauensliste

Nehmen Sie sich ein Heft, ein Buch oder einen Block und schreiben Sie morgens auf, wofür Sie dankbar sind, dass es heute passiert. Schreiben Sie Ihre Urvertrauensliste.
Ich bin so dankbar, dass ...

- … ich entspannt an meinem Arbeitsplatz angekommen bin.
- … ich heute bei der Arbeit jede Menge Freude und Spaß hatte.
- … ich heute eine positive Überraschung erhalten habe.
- …. dass ich heute ein Projekt erfolgreich abgeschlossen habe.
- … dass ich heute Abend gigantischen Sex hatte.
- … dass ich heute eine wichtige Information erhalten habe, durch die ich eine bessere Entscheidung treffen konnte.
- … dass ich heute ungewöhnliche Begegnungen hatte, die mich inspirierten und mir gezeigt haben, dass ich auch ganz neue, ungewöhnliche Gedanken denken kann.
- … dass sich mir Reichtum auf eine ganz neue und ungewöhnliche Art und Weise gezeigt hat.

Wenn Sie dann am Abend oder spätestens am nächsten Tag beim neuen Aufschreiben wieder in Ihre Aufzeichnungen hineinschauen, werden Sie zu Ihrem Erstaunen feststellen, dass sich viele Dinge so ereignet haben. Sie wundern sich: He, das habe ich gemacht! Das wiederum schafft noch mehr Urvertrauen und entsprechende Glücksgefühle. Gleichzeitig schärfen Sie Ihren Blick für die schönen Dinge des Lebens und erleben automatisch mehr Glücksgefühle.

DER GLÜCKMACHER

Dankbare Menschen sind einfach wesentlich glücklicher, denn sie haben zwangsweise die Glücksbrille auf. Diese Übung wird Ihr Leben sehr schnell und radikal zum Positiven verändern.

Wenn Sie nun schon dabei sind, morgens Listen aufzustellen, dann können Sie auch gleich noch eine wunderbare Zusatzübung mit einfügen. Sie schafft Ihnen direkt Glückshormone und Lebensqualität. Diese Übung gibt Ihnen die Macht zurück. Raus aus der Opferrolle und hinein in die mächtige, bewusste Schöpferrolle. Von 365 Tagen gibt es nur sehr wenige, an denen ich diese Übung nicht praktiziere. An diesen Tagen fühle ich mich dann auch wie ein Spielball des Lebens, energie- und freudlos. Dadurch, dass ich morgens schon dankbar bin, gebe ich dem Tag eine Richtung und damit auch sofort einen höheren Zusammenhang. Das wiederum ist Sinn, und das wiederum ist Motivation.

Übung

Die Lebensqualitätsliste

Schreiben Sie jeden morgen drei Dinge auf, die Sie heute nur für sich selbst machen und die Ihrem Tag mehr Lebensqualität bringen. Allein schon beim Aufschreiben wird sich augenblicklich Ihre Laune heben. Sie erleben sofort Vorfreude.

Meine drei Dinge für mehr Lebensqualität für mich heute:

- Ich werde heute in der Mittagspause einen Spaziergang machen, mich auf eine Parkbank setzen und ein Eis genießen.
- Ich werde heute meiner Partnerin eine Rose mit nach Hause bringen und mich gemeinsam mit ihr an unserer Liebe erfreuen.
- Ich werde für heute Abend einen Termin mit mir selbst ausmachen und mich mit einem schönen Glas Rotwein und meinem Lieblingsbuch allein in meinen Sessel zurückziehen.

Was passiert, wenn Sie so etwas aufschreiben? Nun, als Erstes erleben Sie Vorfreude und haben augenblicklich Glücksgefühle und gute Laune. Als Zweites hat Ihr Tag ganz einfach mehr Lebensqualität und Sinn, als wenn Sie nichts dergleichen unternommen hätten. Es wird bei dieser Übung genügend Tage geben, an denen Sie keine drei Dinge finden, sondern vielleicht nur zwei. Vielleicht schaffen Sie von diesen zwei Sachen auch nur eine einzige. Aber egal, dennoch hatte dieser Tag mehr Lebensqualität, als wenn Sie überhaupt nichts für sich getan hätten. Ich verspreche Ihnen, mit der Zeit werden Sie kreativ. Mit der Zeit fangen Sie an, anderen Gutes zu tun und sich daran ganz einfach mitzufreuen. Wie heißt es doch so schön: Geteilte Freude ist doppelte Freude.

Als ich mit dieser Liste angefangen hatte, war ich voller Euphorie. Wow, meine Tage bekamen eine bis dahin ungewohnte Qualität. Ich war voller Freudenhormone. Endlich hatte ich das Gefühl, zu leben und nicht nur gelebt zu werden. Mit der Zeit gingen mir aber mangels Kreativität die Ideen aus. Also ersann ich Freuden für meine Lebenspartnerin und meine Mitmenschen. Und jetzt wurde es noch besser. Es schien sich zu bewahrheiten, dass geteilte Freude doppelte Freude ist. Ich entdeckte in einem Geschäft Badekugeln für drei Euro, die man in das heiße Badewasser legt. Sie lösen sich auf und es entstehen wunderschöne Rosenblätter auf dem Wasser. Als ich sie kaufte, habe ich mich bereits den ganzen Tag darauf gefreut, abends meiner Partnerin als Überraschung ein heißes Bad (mit dem Gag der Baderosen) zu bereiten. Das Schöne daran war, dass die Freude sich noch steigerte, weil meine Partnerin auch emotional überrascht und berührt war. Die Freude sprang im wahrsten Sinne des Wortes über.

Erinnern Sie sich nochmals daran, was Sie wirklich wollen und wieso Sie Ihren Hintern bewegen. Sie wollen sich ganz einfach wohler fühlen als vorher. Also sollten Sie alles Mögliche unternehmen, um sich glücklicher zu fühlen. Genau dabei hilft Ihnen natürlich die Lebensqualitätsliste. Einfacher geht's nicht.

13. Glücklich durch Optimismus

Eigentlich logisch, dass in einem solchen Buch von Optimismus die Rede sein muss. Im Prinzip handelt das ganze Buch von nichts anderem als Optimismus und Bewusstsein. Der Optimist sieht in jedem Problem eine Aufgabe, der Pessimist sieht in jeder Aufgabe ein Problem, so sagte es ein Unbekannter.

Eine optimistische Lebenseinstellung ist Grundvorausetzung für ein glückliches Leben, sie ist aber auch nicht ganz so einfach. Wie Sie bereits lesen konnten, sind wir genetische Pessimisten. Die optimistische Sichtweise ist nicht serienmäßig, die müssen wir neu lernen. Wenn Sie optimistisch sind und zuversichtlich in die Zukunft, zu Ihren Zielen schauen, setzen Sie sich automatisch für die Verwirklichung Ihrer Ziele ein. Das ist ein ganz wesentlicher Nebeneffekt. Optimismus macht uns glücklicher, weil er uns motiviert, Probleme zu bewältigen.

Optimistisches Denken stimmt uns positiv, vermittelt uns mehr Elan und fördert sogar die Moral. Aber wie werden wir zum Optimisten? Sollten wir es vielleicht mit typischem Positivem Denken versuchen? Auch eine gute Möglichkeit, wenn Sie denn nicht nur positiv denken, sondern Ihr Denken auch durch positive Handlungen und entsprechende Wortwahl beweisen. Manchmal geht so etwas schief. Da denkt jemand positiv und vergisst einfach die Handlung, oder noch schlimmer, er handelt am Ende doch noch negativ. Dann kann es passieren, dass er immer dann, wenn er positiv denkt, negativ handeln muss – und der Schuss geht nach hinten los.

Gehen wir auf die sichere Seite. Beginnen wir mit dem Handeln, das Denken zum Optimismus wird sich automatisch einstellen. Das Problem liegt darin, dass wir schneller lernen, als wir früher dachten. In meinen Seminaren mache ich zur Verdeutlichung gern folgende

Übung: Ich bitte meine Seminarteilnehmer, dass sie jedes Mal, wenn ich das Wort »hell« sage, die Augen aufmachen, und wenn ich »dunkel« sage, die Augen schließen sollen. Dann sage ich dreimal »hell« und »dunkel« nacheinander und die Teilnehmer machen entsprechend die Augen auf oder zu. Beim dritten bis fünften Mal klatsche ich jedes Mal bei dem Wort »dunkel« in die Hände. Anschließend klatsche ich in die Hände, ohne ein Wort zu sagen, und die meisten Teilnehmer schließen daraufhin automatisch die Augen. Das heißt ganz einfach, dass simple drei Wiederholungen schon ausreichen, um sich ein automatisiertes Verhalten anzueignen.

Wir beweisen uns also immer, wie unser Denken mit unseren Handlungen übereinstimmt. Für unser Unterbewusstsein ist das jedoch vollkommen egal. Es kennt kein Gut oder Schlecht, Sinnvoll oder Sinnlos. Und genau da liegt auch die Gefahr des Positiven Denkens, oder auch des Denkens überhaupt. Es kann uns passieren, dass wir positiv denken und gewohnheitsmäßig negativ handeln.

In der Praxis: **Nehmen Sie sich ab sofort ganz einfach vor, nur noch positive Signale an sich und an Ihre Mitmenschen zu senden!** Sie merken, es fängt mal wieder bei Ihnen selbst an. Ich kann keinen positiven Eigendialog betreiben und mir zugleich selbst beweisen, dass ich negative Signale an mich selbst sende, indem ich die schlechteste Qualität esse, meinen Körper nicht pflege, sondern ihn misshandle, meine Wohnung, mein Auto und mein Umfeld nicht pflege, indem ich geizig bin und mir beweise, dass ich mir selbst nichts wert bin. Oder wenn ich auf andere Menschen schimpfe oder nur schlecht über sie rede – dann habe ich negative Signale an meine Umwelt gesandt. »Liebe deinen Nächsten wie dich selbst« – das ist Pragmatismus pur und führt nebenher automatisch zum Optimismus.

Es sind meistens die Kleinigkeiten, die den Erfolg durch Optimismus und damit die Glücksgefühle ausmachen. Wie begegne ich meinen Mitmenschen? Lächle ich? Strahle ich Liebe aus? Ein Seminarteilnehmer brachte mich auf eine Idee, die ich prompt übernommen habe. Wenn er sich etwas kauft, zum Beispiel eine Krawatte, dann lässt er sich die schön einpacken mit den Worten: »Diese Krawatte ist für einen besonderen Menschen!« Wenn er sie auspackt, hat er nochmals Freude daran. Auf diese Weise hat er sich doppelt bewiesen, dass er sich selbst liebt und etwas wert ist.

Wenn Sie diese Dinge beherzigen, dann können Sie sich auch mit den klassischen Gesetzen des Positiven Denkens befassen und sie für Ihre Glücksfindung anwenden.

Die Gesetze des Positiven Denkens

- **Der Mensch ist, was er denkt!** Wenn wir das sind, was wir denken, und wir in der letzten Konsequenz ganz einfach glücklich sein wollen, dann sollten wir uns immer fragen, ob unsere augenblicklichen Gedanken auch glückliche Gedanken sind. Ansonsten denken wir am besten einfach neu.
- **Was der Mensch denkt, strahlt er aus!** Wenn wir das, was wir denken, ausstrahlen und demzufolge auch von unserer Umwelt zurückbekommen, dann sollten wir uns vor jedem Dialog mit unseren Mitmenschen ganz einfach mit glücklichen und liebevollen Gedanken über diese Person aufladen.
- **Was der Mensch ausstrahlt, das zieht er an!** Gedanken sind Energie. Energie lässt sich nicht vernichten. Also auch der Gedanke nicht. Er wird immer etwas bewirken. Das verpflichtet uns ganz einfach dazu, positive und glückliche Gedanken zu denken.
- **Der Mensch bekommt nicht das, was er will, sondern das, was er glaubt!** Das heißt ganz einfach, dass wir nicht nur glückliche Gedanken denken sollen, sondern auch glücklich glauben und handeln sollen. Konkret also: Wir müssen das Denken durch Handeln beweisen. Dann haben wir uns auch bewiesen, was wir glauben. »Nach deinem Glauben wird dir geschehen.«

- **Wir bewegen uns auf das Ziel hin, mit dem wir uns gedanklich am meisten beschäftigen!** Da unser Ziel ja ganz einfach darin besteht, dass wir uns maximal wohlfühlen, sollten unsere Gedanken um das Wohlfühlen und das Glücklichsein kreisen. Je mehr wir uns darauf konzentrieren, desto glücklicher werden wir.
- **Wir sind genauso glücklich, wie es unsere Gedanken über unser Glück zulassen!** Wenn Sie eine hohe Meinung über sich selbst haben, beweisen Sie sich, dass Sie sich selbst lieben. Selbstliebe macht glücklich. Greifen Sie bei Fehlern oder schlechter Laune nie Ihre Selbstliebe an!

14. Glücklich durch soziale Beziehungen

In der Glücksforschung wird immer wieder darauf hingewiesen, dass der Mensch ein soziales Wesen ist. Wir können uns zwar eine Weile, zum Beispiel zur Selbstbestimmung, in die Berge oder die Wüste zurückziehen, jedoch nicht lange. Der Mensch ist nicht zum Eremit geboren. Wir können allein nicht glücklich sein. Ein philosophischer Satz aus dem alten Griechenland lautet: »Nichts hat der Mensch nötiger als den Menschen!«

Um glücklich zu sein, benötigen wir andere Menschen, Liebe und ein soziales Umfeld. Und das Schöne daran ist nicht nur, dass wir dadurch glücklicher werden. Nein, wir leben auch noch länger, wie Studien beweisen. Einen eindrucksvollen Versuch lieferte die kalifornische Universität Stanford. Ärzte teilten Brustkrebspatienten in zwei Gruppen ein. Die eine Gruppe genoss die typische Behandlung eines Krebspatienten. Die Menschen der anderen Gruppe konnten darüber hinaus an einer wöchentlichen Gesprächsrunde teilnehmen, bei der sie sich mit anderen Patienten austauschen und Verständnis finden konnten. In beiden Fällen war der Krebs so weit fortgeschritten, dass niemand eine Chance auf Heilung hatte. Und jetzt kommt's: Die Patienten der Gruppe, die zusätzliche Gesprächsrunden führten, litten deutlich weniger unter Schmerzen, waren besser drauf und überlebten durchschnittlich mehr als doppelt so lange! In dieser Hinsicht gibt es eine ganze Reihe von weiteren Untersuchungen, die allesamt zum gleichen Ergebnis kamen. Freunde machen glücklich. Die aber bekommen wir nicht einfach so geschenkt, wir sollten auch etwas für unsere Kontakte tun.

Vier Tipps zum Glück durch soziale Beziehungen

Schauen Sie sich die typischen Angewohnheiten von sehr glücklichen Menschen ab, tauschen Sie sich mit ihnen aus. Da wir wissen, dass Glücksgefühle machbar sind, müssen glückliche Menschen Angewohnheiten haben, die genau dieses Glücksgefühl verursachen. Wie sieht deren Tagesablauf aus? Welche Literatur lesen sie? Machen sie Sport? Meditieren sie? Sind sie vielleicht religiös oder spirituell? Wie sieht deren Partnerschaft aus? Wie üben sie ihren Beruf aus? Was können wir einfach abkupfern und in unser eigenes Leben integrieren? Allein dadurch, dass Sie schauen, was andere glücklich machen könnte, wird sich Ihre Sicht auf Ihr eigenes Glück verändern. Das allein macht schon glücklicher.

Kein Mensch ist eine Insel. Soziale Kontakte sind so wichtig, weil sie uns in schwierigen Zeiten Unterstützung bieten. Wir können nicht davon ausgehen, dass die Zeiten so rosig bleiben. Das gilt heute mehr denn je. Die Zeiten der Großfamilie, in denen drei Generationen unter einem Dach leben, sind weitestgehend vorbei. Sicherlich ist es sinnvoll, sich seine eigene WG fürs Alter zu schaffen, jedoch in der Praxis nicht ganz so einfach und sicherlich ein Thema für sich. Allein der Gedanke, sich auf ein soziales Netzwerk stützen zu können, macht uns glücklich. Gleichzeitig bringt es uns mit anderen Menschen und anderen Denkweisen zusammen, was uns wiederum zum einen Abwechslung beschert und uns zum anderen ins Jetzt bringt. Also nochmals Glücksgefühle. Der scheinbare Aufwand, sich ein eigenes soziales Netzwerk aufzubauen, lohnt sich. Wieso boomen denn auch sonst die gesamten Communitis wie XING oder Study VZ? Ganz einfach, weil hier das Gefühl eines sozialen Netzwerkes mit entsprechenden Glücksgefühlen vermittelt wird. Ein Gefühl des Dazugehörens.

Im Bereich der sozialen Kontakte finden wir auch oftmals Liebe, die uns in einen wahren emotionalen Glücksrausch versetzen kann. Statistisch gesehen verlieben sich die meisten Menschen im Umfeld ihrer bereits bestehenden sozialen Kontakte. Nun, die Liebe fällt hin, wo sie hinfällt, und wir sollten nicht unbedingt mit dieser Erwartungshaltung in unsere sozialen Kontakte hineingehen, uns jedoch auch die Chance für Glücksgefühle durch das Verliebtsein offenhalten.

Freuen Sie sich mit der Familie oder mit Freunden über deren Erfolge und vermeiden Sie es, durch Neid oder Missgunst Konflikte entstehen zu lassen. Geteilte Freude ist doppelte Freude. Bei sozialen Kontakten ist es wichtig, Bewunderung, Annerkennung, Zuneigung und Dankbarkeit zum Ausdruck zu bringen. Wenn wir diese Eigenschaften bei anderen zum Ausdruck bringen, so müssen wir sie logischerweise zunächst bei uns selbst kennen, ansonsten könnten wir diese Dinge nicht geben. Alles, was wir in dieser Hinsicht geben, müssen wir zunächst selbst erzeugen, um es selbst zu besitzen. Erst dann können wir geben. Wir sollten aus purem, aber gesundem Egoismus anderen geben. Das macht uns selbst glücklich. Und das Beste daran: Wir bekommen es auch noch von anderen zurück. Bingo, doppelt glücklich!

15. Glücklich durch Sport

»Sport ist Mord«, sagte Churchill. Manchmal ist das auch so. Fest steht jedoch, dass Sport oder einfacher ausgedrückt Bewegung ein wichtiger Glückslieferant ist. Überlegen Sie doch einmal: Wann sind Sie so richtig glücklich? So werden mir alle, die irgendeinen Sport machen, bestätigen können, dass sie sich nach ihrer Aktivität wohl und glücklich fühlen. Der Mensch ist ein Bewegungstier. Wir sind nicht dafür geschaffen, den ganzen Tag auf dem Sofa zu liegen. Wer das macht, der wird häufig depressiv. Viele bewegen sich in diese Richtung, allein durch Langeweile und Faulheit. Nicht umsonst werden mit depressiv kranken Patienten in den entsprechenden Einrichtungen Bewegungsaktivitäten durchgeführt. Sei es das Wandern, Nordic Walking, Ballspiele oder einfach nur Gymnastik. Wer sich nicht bewegt, bekommt schlechte Laune. Wer sich aber bewegt, bekommt durch die Ausschüttung von Glückshormonen gute Laune. Läufer kennen zum Beispiel diese Glückshormone als Runners High.

Endorphine versetzen den ganzen Körper in einen kribbelnden Rauschzustand, ähnlich dem Gefühl, das man hat, wenn man frisch verliebt ist. Laut Sportwissenschaftlern müssen wir nur laufen, laufen im Sauerstoffüberschuss, also im sogenannten Quasseltempo, und das möglichst 40 Minuten oder länger. Komisch, aber es funktioniert.

Wichtig bei unserer sportlichen Aktivität ist jedoch, dass wir nicht beim Sport schon wieder Stress und negative Gefühle erleben. Unsere Aktivität soll an sich schon Spaß machen. Also bitte auch keinen Sport als Mittel zum Zweck, wie ich es häufig beobachten kann. Da beobachte ich in Spanien am Strand in der vollen Mittagshitze, bei der sich jedes Tier freiwillig in den Schatten verzieht, wie übergewichtige, schweißgebadete Jogger mit teilweise schmerzverbissenem Gesicht »Sport treiben«. Diese Jogger nutzen das Laufen als Mittel zum Zweck, damit es ihnen irgendwann später einmal besser geht. Dagegen aber steht der Satz eines Unbekannten: »Wenn das, was du tust, dir weder Bereitwilligkeit, Freude oder Enthusiasmus entlockt, bescherst du dir und anderen nur Leid!«

Vielleicht haben Sie ja keine Lust zu joggen. Dann machen Sie eben etwas anderes. Da ich selbst keinen Hochleistungssport betreibe und dieses Kapitel auch sicherlich nicht für das Erreichen von sportlichen Höchstleitungen gedacht ist, empfehle ich die Abwechslung. Erinnern Sie sich bitte: Das Glückshormon reagiert auf Unterschiede!

So mache ich persönlich verschiedene Sportarten im Wechsel, je nach Lust, Laune und Wetter. Fahrradfahren, Joggen, Schwimmen, Inline-Skating, etwas Kampfsport. Und selbst beim Joggen sollte man ab und an mal eine andere Strecke oder auch einfach mal querfeldein laufen. Bei einer solchen Abwechslung kommt der Reiz von außen und muss nicht mental selbst erzeugt werden. Das macht einfach mehr Spaß.

Am wichtigsten ist aber: **Tun Sie etwas!** Der Spruch: »Müßiggang ist aller Laster Anfang!«, scheint auch bei diesem Thema seinen Wahrheitsgehalt zu haben. Seit Tausenden von Jahren haben wir uns bewegt, wir haben die Antilope gejagt oder sind vor dem Säbelzahntiger davongerannt. Erst seit wenigen Jahrzehnten müssen wir uns nicht mehr bewegen. Ausnahmen sind die Menschen, die das Glück haben, sich von Berufs wegen bewegen zu müssen. Doch es ist für uns alle nötig! Selbst in Altersheimen wird Bewegung gefördert. Alzheimer wird durch Bewegung gemildert. Nehmen Sie ab heute jede Chance für Bewegung wahr, ja, es gibt wahrhaftig noch Chancen. Gehen Sie wann immer möglich zu Fuß. Nutzen Sie die Treppe statt den Aufzug. Als der Autor des Bestsellers *Die Glücksformel*, Stefan Klein, gefragt wurde, was er denn selbst als den wichtigsten Ratschlag dieses Buches ansehe und auch selbst umgesetzt habe, so sagte er, dass er angefangen hat, sich intensiv zu bewegen und Sport zu treiben.

16. Glücklich durch Religion und Spiritualität

Jetzt muss man also doch zum Spiri oder zum Eso werden! Ich bin weder das eine noch das andere, ich bin Bewusstseinstrainer und damit auch Glückscoach. Sicherlich, wenn Sie den Ausführungen in diesem Buch gefolgt sind, könnte sich die Thematik der Esoterik aufdrängen, jedoch nur im weitesten Sinne. Das ganze Buch hilft Ihnen, sich selbst in Ihrem Innern zu finden, selbst im Innern die eigenen Sichtweisen zu verändern. Natürlich ist das Esoterik. Sie könnten ja auch Exoterik betreiben, der Exoteriker sucht sich ganz einfach im Außen. Und natürlich bin ich ein religiöser Mensch, im tiefen Verständnis, dass alles eins ist! Um so ans Leben herauszugehen, brauchen wir grundsätzlich jedoch keine Organisation.

Fest steht, dass religiöse Menschen in der Regel glücklicher und gesünder sind. Sie geben ihrem Leben einen höheren Zusammenhang sogar noch bis über den Tod hinaus. Je höher der Zusammenhang, umso größer ist damit der Sinn und natürlich auch die Motivation. Glücksgefühle kommen hinzu. Gleichzeitig lassen sich aber auch die Nackenschläge des Lebens leichter ertragen, da der höhere Sinn eine andere, viel weitere Sichtweise zulässt. Auf diese Weise werden Alltagsschwierigkeiten natürlich wesentlich leichter bewältigt. Menschen, die an die Wiedergeburt glauben, setzen bei Problemen schon einmal einfach ihre Tausend-Jahre-Brille auf. Was sie als Problem ansahen, relativiert sich zu einer absoluten Lächerlichkeit, sodass man am Besten wirklich nur noch darüber lacht.

Beten Sie, mit Gottes Hilfe werden Sie automatisch zu einem glücklicheren Menschen. Aber beten Sie nicht aus der persönlichen Ohnmacht heraus zu einem grausamen, verbitterten, strafenden Gott, der mit einem langen weißen Bart auf Wolke Nummer sieben sitzt. Beten Sie zu dem Gott in Ihnen oder anders gesagt: zu dem Gott, von dem Sie ein Teil sind, ein Teil, der selbst dann noch da ist, wenn sich Ihre körperliche Hülle in Wohlgefallen aufgelöst hat. Die Quantenmechanik beweist uns, dass niemand durch nichts das Quantenfeld zerstören kann. Von diesem Feld sind wir alle ein Teil und damit natürlich auch nicht zu zerstören. Diese Art der Religion oder Spiritualität bringt Ihr Leben in einen höheren Zusammenhang und beschert Ihnen somit Sinn und Motivation und damit Glücksgefühle.

Versuchen Sie wo irgend möglich das Göttliche im Alltag zu erkennen. Sei es im Lachen eines Kindes, einer schöne Blume oder Frau, einem guten Essen oder einfach nur bei einem Blick in den Himmel, einem schönen Regenbogen, einem süßen Vogel oder angesichts der göttlichen Zusammenhänge, die die Natur uns bietet. Immer mehr werden Sie in Erstaunen versetzt, je tiefer Sie einsteigen. Die Biogenetik-Forschung steht noch in den Kinderschuhen, wie bereits gesagt, finden selbst in einem Einzeller Millionen chemische Prozesse statt, die koordiniert werden müssen. Wenn wir da nicht an allen Ecken und Kanten das Göttliche entdecken ...

17. Glücklich durch Sinn

»Du hast es gut. Du weißt wenigstens, was du willst. Ich beneide dich dafür.« Oftmals sind mir solche Aussagen gemacht worden. Als wäre dieses Wissen eine Leistung, die nur wenigen vorenthalten wäre! »Mein Leben hat keinen Sinn, ich weiß meinen Sinn nicht, mein Leben ist sinnlos. Wenn ich doch endlich einmal wüsste, was meine Lebensaufgabe ist? Worin liegt meine Bestimmung? Welchen Plan hat Gott für mich vorgesehen? Was ist meine Aufgabe hier in diesem Leben? Was wollen die da oben von mir? Was soll ich nur machen?« Welch ein lächerliches, ohnmächtiges Gejammer! Das klingt jetzt arrogant. Aber wen wollen Sie fragen, wenn nicht sich selbst? Wer soll die Verantwortung übernehmen, wenn nicht Sie selbst? Wer soll Ihrem Leben einen Sinn geben, wenn nicht Sie selbst?

Zunächst einmal, was heißt überhaupt Sinn? **Sinn bedeutet ganz einfach, eine Sache oder Angelegenheit in einen übergeordneten, höheren Zusammenhang zu bringen.** Wenn ich hier in diesem Buch zusammenhangloses Zeug schreibe, dann wäre das ganz einfach sinnlos. Wenn Ihr Leben keinen höheren Zusammenhang hat, dann ist Ihr Leben sinnlos. Wenn aber etwas sinnlos ist, dann sind wir demotiviert. So steht es sogar im Wörterbuch: Demotivation ist gleich Sinnlosigkeit! Ergo heißt Motivation, einer Sache einen Sinn zu verleihen, einer Sache einen höheren Zusammenhang zu geben. Nun, wie können wir uns diesen übergeordneten, höheren Zusammenhang verschaffen? Dafür zeige ich Ihnen drei pragmatische Wege auf:

Körperlich zu erfahrender Sinn

Sinn lässt sich natürlich auch über die Sinne erfahren. Über unsere Sinne sind wir in der Lage, den Zusammenhang zwischen innen und außen zu erfahren. Also den Zusammenhang zwischen dem Ich, dem Selbst und dem Außen. Da sind zunächst einmal die fünf Sinne, also Sehen, Hören, Riechen, Schmecken und Fühlen zu nennen. Diese werden unterstützt durch den Bewegungssinn und den sogenannten siebten Sinn, dem Bauchgefühl oder der Intuition.

Es scheint logisch, dass in unserer heutigen Zeit viel Sinn verloren geht. Wenn wir uns so schnell bewegen, dass unser Auge noch nicht einmal Zeit hat, bei irgendeinem Objekt zu verweilen und zu schauen, wenn wir auf kleine Bildschirme blicken, auf denen sich Objekte schnell bewegen, dann ist es mit der sinnhaften Erfahrung des Sehens schon ein wenig schwierig. Wenn wir uns mit dicken Bassfrequenzen zudröhnen, wird es schwierig, auch einmal genau auf die feinsten Instrumente und Melodien zu hören. Wenn wir uns dem faden Fast Food hingeben, anstatt den Gaumen erfreuen, mit Slow Food beispielsweise, dann fehlt uns selbst beim Essen die sinnhafte

Erfahrung. Wenn wir kaum noch in die Natur gehen, dann riechen wir entweder Chemie oder überhaupt nichts mehr. Und wer nimmt sich noch Zeit, in den Genuss von zärtlichen Berührungen zu kommen? Ja, unsere moderne Welt nimmt uns Sinn, Motivation und damit Glückshormone.

Hier sehe ich ein großes Problem, vor allem bei den sogenannten Stubenhockern. Insbesondere bei den Jugendlichen, die Fast Food essen und oftmals nur noch vor dem Bildschirm oder dem Internet hängen. Irgendwann machen die nur noch Cybersex. Oder viele alte Menschen, die körperlich nicht mehr raus gehen können und bei denen viele Sinne einfach nicht mehr richtig funktionieren. Da wird ein Leben schnell sinnlos und demotivierend. Die Jugend sagt dann: »Null Bock auf nichts!«

Der Sinn, der körperlich zu erfahren ist, lässt sich jedoch relativ einfach herstellen. Am besten, wir gehen einmal wieder in die Natur und nehmen etwas Tempo aus unserem Leben. Wenn wir zwischen 0,2 und 0,5 Sekunden benötigen, bis eine Information bewusst bei unserer Großhirnrinde angekommen ist, dann heißt das ganz einfach, dass eine bewusste, sinnhafte Erfahrung nur dann zu erreichen ist, wenn wir Dinge langsam tun. Die gesamte Zen-Philosophie macht es uns vor. Bewusst und langsam wird dort vorgegangen. Das macht Sinn. Das macht Motivation. Das macht glücklich!

Sinn, der durch Unglück zu erfahren ist

Wow, im Unglück Sinn zu finden, das ist schon eine heiße Aussage! Doch wenn im Unglück Sinn zu finden ist, dann ist ja das Unglück überhaupt kein Unglück mehr! Dann gibt uns ja sogar das Unglück Motivation und Glückshormone. Klingt jetzt total verrückt, ist aber wie alles andere in unserem Leben auch lediglich eine Frage der richtigen Sicht. Wir können so richtig im Unglück schwelgen oder es als das annehmen, was es ist. Nämlich ganz einfach die andere Seite der Medaille. Wenn uns das gelingt, dann erst erleben wir unser Leben in Fülle. Wir könnten auch sagen, dass Sinn im Unglück zu finden der wahre Sinn der Fülle ist.

Fülle ist tief und nicht flach. Fülle ist alles und nicht nur eine schön gefärbte Hälfte des Lebens. So wie wir das Licht nicht ohne Dunkelheit, Leichtigkeit nicht ohne das Schwere, Schönheit nicht ohne das Hässliche, Größe nicht ohne das Kleine wahrnehmen können, so können wir Glück nicht ohne das Unglück erfahren. Da wir ja bereits wissen, dass das Glückshormon auf Unterschiede reagiert, lässt sich ganz einfach Glück als Dauerzustand nicht erfahren. Wahre Glücksfülle kann erst entstehen, wenn wir auch das Unglück kennen. Wir leben in einer Welt der Gegensätze, des Yin und Yang.

Diese Erkenntnis ist sehr wichtig zum Verständnis des Manifestierens, das Sie im nächsten großen Teil des Buches kennenlernen werden. So beschreibt es auch das Gesetz der Gegensätze, eines der kosmischen Gesetze, die Neal Donald Walsch in seinem Buch *Glücklicher als Gott* anführt. Es kann sehr gut sein, dass wir zunächst einmal den Gegensatz von dem erfahren müssen, was wir wollen, um das Gewollte später in tiefer Fülle erleben zu können. Es ist also absolut nicht nötig, Unglück auch als Unglück zu betrachten. Sicherlich gehört zu diesem Glücksimpuls eine gewisse Übung. Es gelingt uns in der Regel erst dann, wenn wir das scheinbare Unglück mit ein wenig Abstand betrachten können. Deswegen sollte bei scheinbarem Unglück nicht sofort emotional reagiert werden, sondern mit diesem Wissen zunächst einmal etwas Abstand geschaffen werden. Zuerst kann man die sprichwörtliche Nacht darüber schlafen. Erst dann lassen sich in der Regel die wahre Fülle und der tiefere Sinn erkennen. Das jedoch führt zu einer wahrhaftigen und tiefen Freude.

Wenn Dinge zu leicht gehen, ganz ohne Widerstand, dann bescheren sie uns relativ wenig Freude. Jemand, der sich sein eigenes Haus quasi im Schweiße seines Angesichtes baut, hat sicherlich mehr Fülle, Freude, Tiefe und Glücksgefühl daran als jemand, der es einfach mit links bezahlt hat. Mit diesem Wissen können wir uns bei scheinbarem Unglück schon gleich auf die tiefe Freude, die folgen wird, freuen.

Sinn durch Zielklarheit

Da wir uns in diesem Leben auf ein gemeinsames Ziel hin bewegen, den Tod, ist der gemeinsame Nenner, der uns eint, die Zeit. Wir brauchen also einen höheren Zusammenhang in der vor uns liegenden Zeit. Diese Zeit nennen wir Zukunft. Dieser Sinn hat also etwas mit Zielen zu tun, konkret mit Lebenszielen. Wir benötigen ein höheres, in der Zukunft liegendes Ziel, das unser Leben in einen höheren Zusammenhang bringt. Dabei spielt es überhaupt keine Rolle, ob Sie bei diesen Gedanken sogar über das Leben hinausgehen, also vom Diesseits zum Jenseits, zur »anderen Seite«. Bleiben wir in diesem Buch zunächst beim Diesseits. Dennoch ist es auch hier wichtig, sich die Frage zum Leben nach dem Tod zu stellen. Jeder sollte sie für sich klären, denn die Antwort hat Auswirkungen auf die Gestaltung des Lebens jetzt und hier. Sollte jemand der Meinung sein, dass mit dem Tod alles aus ist, dann sollte er in diesem Leben mitnehmen, was irgend geht. Von mir aus soll er trinken, huren, Drogen nehmen, sich verschulden und zur Not so richtig Chaos hinterlassen. Wenn er das nicht tut, dann hätte er sich ja doppelt verarscht. Da ich davon ausgehe, dass die wenigsten so leben, kann ich auch davon ausgehen, dass die meisten spüren, dass irgendwie mit dem Tod doch nicht alles aus ist. Wie sagte schon Gandhi: »Lebe so, als ob du morgen sterben würdest, und lebe so, als ob du ewig leben würdest.«

Es nützt uns so oder so nichts. Wenn wir unserem Leben einen Sinn und Motivation und damit Glückshormone geben wollen, dann brauchen wir Lebensziele. Eigene Ziele. Eigene Visionen. Egal wie alt Sie jetzt sind, Sie können jederzeit für den Rest Ihres Lebens einen klaren Sinn und ein klares Ziel haben. Das Problem ist nur, dass uns in der Regel nie jemand gezeigt hat, wie wir unsere Lebensziele entwickeln. In diesem Buch aber haben Sie bereits Ansätze dazu erfahren. Im besten Falle entwickeln und verfolgen Sie Ihre eigenen Ziele. Da Lebensziele ein sehr elementarer Bereich in Ihrem Leben sind, zähle ich sie als eigenständige Glücksaktivität in dieser 21er-Liste.

18. Glücklich durch klare Ziele und Visionen

Nachdem Sie bereits gelesen haben, dass Ziele Sinn und damit Motivation und Glücksgefühle mit sich bringen, sollten Sie nun an die Aufgabe gehen, Ihre Lebensvision zu entwickeln. Ganz wichtig dabei ist es, dass es sich wirklich um eigene Ziele und nicht um fremdbestimmte Inhalte handelt. Sollten Ihre Ziele nämlich gar nicht Ihre eigenen sein, müssen Sie damit rechnen, dass Sie schnell aufgeben werden, sich leicht ablenken lassen und zudem Angst bezüglich der Zielthemen haben.

Dies ist ein positives Buch, also reden wir hier nur von eigenen Zielen. Sie sind allein geboren und sterben auch allein. Deswegen auch eigene Ziele. Gleichzeitig gibt es eine ganze Reihe von Zielen, die Sie gemeinsamen mit Ihrem Lebenspartner entwickeln sollten. Also Ziele, die mit der Familie, dem Wohnort, dem Haus oder der Wohnung, dem Reisen und anderem in Verbindung stehen.

Eigene Ziele haben unschätzbare Vorteile, sie bringen Motivation und Antriebskraft, der Filter der zielgerichteten Wahrnehmung wird aktiviert, sie schaffen Selbstvertrauen und Glücksgefühle. Nun, das liest sich alles ganz einfach, dennoch ist es nicht so leicht, seine Lebensvision und damit seinen Lebenssinn zu finden. Wo wollen wir hin? Ganz einfach: zum optimalen Lebensideal. Und wie schrieb Richard Bach in seinem tollen Buch *Die Möwe Jonathan*? »Man muss schon da sein, bevor man angekommen ist!«

Nur wo? Bei seinem optimalen Leben in vollkommener Glückseligkeit. Dieses »schon da sein« wird auch im modernen NLP, dem Neurolinguistischen Programmieren verwendet. Hier gibt es einen Begriff, der lautet »moment of excellence«. Das ist ein Moment, der einfach mit allen fünf Sinnesorganen wahrgenommen so perfekt ist, dass er sich für immer in uns eingräbt. Ein perfekter Moment im Flow, bei dem einfach alles stimmt. Die meisten Menschen kennen solche Momente. Oftmals sind das die Momente der ersten Verliebtheit, die erste sexuelle Erfahrung ... Für mich ist das zum Beispiel die Geburt meiner beiden Söhne, bei der ich dabei war. Ein Gefühl von Stolz und Euphorie. Ich habe mich gefühlt wie der König der Welt: mein Fleisch, mein Blut, meine Gene... Es geht aber auch anders: Beim Skifahren als Erster am Morgen in die Tiefschneeabfahrt zu starten. Noch keine Spur. Eiskalt. Die Sonne auf der Haut. Ein schnelles Schweben, wie im Rausch. Der eiskalte Pulverschnee sprüht bis ins Gesicht. Ein breites Grinsen von einem Ohr zum anderen. Selbst jetzt beim Schreiben dieser Zeilen steigt mir die Erinnerung an dieses Gefühl wieder hoch. Das sind exzellente Momente.

Wenn wir solche Erlebnisse einfach in die Zukunft projizieren oder konstruieren, dann nennt sich dieser Vorgang beim NLP »modelling of excellence«. Wir könnten auch ganz einfach sagen, dass wir heute schon genau an diesem fantastischen Punkt angekommen sind. Das Wunderbare an dieser Sache ist, dass es für unser Gehirn so gut wie überhaupt keine Rolle spielt, ob wir etwas real erleben oder ob wir uns ein solches Erleben einfach vorstellen und es im Geiste erleben.

2005 wurden in der Zeitschrift *Psychologie heute* wunderbare Bilder aus der Computertomografie veröffentlicht. Probanden müssen dafür zunächst ein Kontrastmittel schlucken und werden dann in die »Röhre« gefahren. Der Computer zeigt anschließend auf dem Bildschirm, welche Bereiche im Gehirn aktiv sind, während sie bestimmte Bilder sehen. In einer Untersuchung schob man die Versuchspersonen anschließend noch einmal wieder in den Computerthomografen und bat sie, sich an das zuvor gezeigte Bild zu erinnern. Das Erstaunliche war, dass dieselben Hirnbereiche aktiv waren. Logisch eigentlich, denn wir leben ja bekanntermaßen ohnehin in unserer eigenen virtuellen Welt im Kopf.

Es ist für unser Gehirn also egal, ob wir etwas real erleben oder ob wir es uns lediglich vorstellen! Das war die Botschaft der Möwe Jonathan: »Du musst schon da sein, bevor du angekommen bist!« Das war auch die gewaltige Botschaft zum mentalen Training und Manifestieren des ältesten deutschen »Mentaltrainers«, den ich gefunden habe. Er sagte sinngemäß: »Wenn die Seele etwas erleben möchte, wirft sie das Bild dieser Erfahrung nach außen und steigt dann in dieses Bild hinein!« Diesen Satz sagte vor 700 Jahren der Mystiker und Mönch Meister Eckhart.

Die wenigsten Menschen sind sich der Tragweite dieser Erkenntnis komplett bewusst. Sie sagt mit anderen Worten, dass die Außenwelt relativ egal ist und wir in der Innenwelt sein können, was wir wollen. Dass wir erschaffen können, was wir wollen. Dass wir unser neuronales Netzwerk neu verdrahten können, wie wir wollen. Wir sind nicht Opfer der Vergangenheit, quasi als Reiz-Reaktions-Verstärkungs-Maschine, sondern können alles sein, was wir wollen. Wir leben in einer Welt der Illusionen und sind die Zauberer, die sich die eigenen Illusionen zaubern. Die Frage, was den nun wirklich die Realität sei, bleibt eine philosophische und quantenmechanische Frage.

Vom Gelben Kaiser wurde einst folgende Geschichte erzählt: Der Kaiser wachte eines Morgens auf und erinnerte sich an einen Traum. Er träumte, er sei ein Schmetterling gewesen. Dieser Traum beunruhigte ihn, denn er stellte sich die Frage: »Vielleicht bin ich der Schmetterling, der träumt, ein Kaiser zu sein!« Er fragte die Weisesten der Weisen, aber niemand konnte diese Frage hinreichend beantworten.

Beweisen können wir weder das eine noch das andere. Aber wir können als Zauberer die Welt der Illusionen bestimmen. Wir können zaubern, was wir wollen. Und zwar jetzt, in diesem Augenblick. Man muss schon da sein, bedeutet mehr als nur zu sehen. Es bedeutet auch, bereits jetzt schon zu hören, zu fühlen, zu schmecken, zu riechen. Erst durch starke Emotionen drücken wir das Gaspedal zur Zielerreichung und zum Manifestieren erst so richtig durch. Männer, die dieses Buch lesen, wissen, was ich meine. Wir Männer sind Kraft der geistigen Vorstellung in der Lage, eine Erektion zu bekommen. Das heißt mentales Training! Viele Frauen haben mir berichtet, dass es bei ihnen sehr ähnlich funktioniert. Sich in eine Sache so richtig hineinsteigern, das haben wir heutzutage meistens verlernt. Wir sollten es aber wieder lernen.

Am besten funktioniert dieses »schon da sein« in der Bewegung. Egal, ob mit offenen oder mit geschlossenen Augen. Wenn Sie heute schon in der Lage sind, sich in Ihr optimales Traumhaus zu begeben, dann wissen Sie, wie es geht. Wenn Sie im Geiste am Morgen verschlafen bis zu Ihrem Kaffeeautomaten schlurfen können, den Knopf drücken, schon jetzt das Geräusch hören, das Ihr Automat macht, schon jetzt den ersten Kaffeeduft riechen, dann sind Sie auf dem richtigen Weg. Sie gehen weiter und schieben mit einem Geräusch des leichten Zischens die Schiebetür zu Ihrer Terrasse auf, riechen augenblicklich die salzhaltige Meeresluft, hören die Brandung der Wellen und das Geschrei der Möwen, spüren die Sonne auf der Haut und sehen am Horizont ein Kreuzfahrtschiff vorbeiziehen. Sie nehmen einen tiefen Atemzug, strecken sich, drehen sich um und gehen zu Ihrer Kaffeemaschine. Sie trinken einen ersten Schluck, schauen sich um und wissen: »Ich habe es geschafft!«

Das heißt: schon da sein!

Wunderbar wurde diese Technik in der Werbung für einen Heimwerkermarkt eingesetzt. Der Protagonist besichtigt ein marodes Gebäude und hört schon jetzt das Kinderlachen, die Schritte, er duscht jetzt schon und legt sich (auf eine alte Tapete) ins Bett. Der tolle Slogan der Werbung: »Du kannst es dir vorstellen, also kannst du es auch bauen!« Einfach perfekt.

Das Ziel besteht also darin, zunächst einmal zu wissen, was Sie wollen, um es dann zu beschreiben wie ein Drehbuchautor. Sie schreiben Ihr Drehbuch für Ihr optimales Leben, bei dem Sie Hauptdarsteller sind. Wichtig ist, dass Sie nie in die Außenbetrachterrolle schlüpfen, denn da sind Sie Kameramann. Und bekanntlich verdienen die einfach weniger wie der Hauptdarsteller. Sie schreiben also Ihr Drehbuch als Hauptdarsteller. Später zeige ich Ihnen, wie Sie dieses Drehbuch in Ihr Unterbewusstsein installieren und genau diese Erfahrungen manifestieren.

Vielleicht wissen Sie aber noch nicht, was Sie überhaupt wollen. Dann wird es schwierig mit dem Drehbuch. Dann sollten wir andere Hilfsmittel benutzen.

Übung

Die eigene Grabrede schreiben

Das klingt zunächst einmal makaber, insbesondere in einem Buch, indem es um GLÜCKMACHEN geht. Der Ansatz, seine Grabrede zu schreiben, kann uns jedoch gewaltig helfen, herauszubekommen, was wir im Leben wollen und wo unser Sinn liegen könnte. Ich könnte mir vorstellen, dass die meisten Leser dieses Buches schon einmal auf einer Beerdigung waren. Dort werden sogenannte Grabreden gehalten. Ich versichere Ihnen, egal wer gestorben ist, wenn Sie die Grabreden hören, sind Sie von den Socken, was das für eine tolle Person war, die dort gestorben ist, und was sie alles Positives in ihrem Leben gemacht hat. Dabei kann es der letzte Säufer und Hurenbock gewesen sein – wenn Sie die Grabrede hören, sind Sie platt. Grabreden werden geschönt, es wird nur noch Positives über den Verstorbenen berichtet.

> **Übung**
>
> Mit diesem gedanklichen Ansatz schreiben auch Sie Ihre Grabrede aus verschiedenen Sichten, jedoch mit der Maßgabe, dass alles wahr ist. So wie Sie es am liebsten hören wollen. So schreiben Sie aus der Sicht Ihres Lebenspartners, was er optimal über Sie berichten sollte – mit der Maßgabe, es sei wahr. Aus der Sicht Ihrer Kinder, Ihres Arztes, Ihres Bankers, Ihres Chefs, Ihrer Angestellten, Ihrer Vereinskameraden, Ihrer Nachbarn und allen anderen. Decken Sie dabei die für Sie wichtigsten Bereiche Ihres Lebens durch Personen ab, die sie aus diesen Bereichen kennen. Das ist eine hervorragende Methode. Gehen Sie gedanklich so weit Sie irgend können in die Zukunft, um Ihrem Leben auch einen sehr langfristigen Sinn und die Motivation für Kommendes zu geben.
>
> Hier ein Beispiel für eine Grabrede: »Hier liegt mein geliebter Ehemann. Er hat sich Zeit seines Lebens rührend um mich gekümmert. Er war der verständnisvollste Mensch, den man sich vorstellen kann. Auch in Zeiten meiner schweren Krankheit hat er mich mit viel Liebe und Geduld auf Händen getragen. Er war der Mann, an dem ich mich immer anlehnen konnte, bei dem ich mich aufbauen konnte, der mich oftmals auch nur einfach in den Arm genommen hat. Die Schwierigkeiten des Lebens hat er von mir ferngehalten. Er hat gearbeitet und dennoch immer Zeit für mich gehabt. Er hat mir meine Wünsche von den Lippen abgelesen und mich wie einen Engel behandelt ...«
>
> Oder: »Hier liegt mein geliebter Vater. Er war für mich ein Vater, wie man sich keinen besseren vorstellen kann. Egal, wie viel er zu tun hatte, für mich hatte er immer Zeit. Wenn ich in Schwierigkeiten war, sei es in der Schule oder weil meine Freundin mich verlassen hatte, er hat mich immer herausgeboxt. Mit einer solch verlässlichen Bank im Hinterkopf konnte es kein Problem geben, das nicht lösbar war. In jungen Jahren hat er mir am Bett Geschichten vorgelesen. Später hat er sich in aller Engelsgeduld meine Problemstorys angehört. Wenn ich ihn angerufen habe, war er da. Und wenn es morgens halb fünf von der Disko aus war und so weiter.«
>
> »Als Bankangestellter muss ich zum Verstorbenen sagen, dass ich noch nie einen solch umsichten Menschen erlebt habe, der mit seinem hart verdienten Geld immer nur auf der Gewinnerseite war. In Zeiten der Krise hatte er den richtigen Riecher, um rechtzeitig neu zu investieren ...«

> **Übung**
>
> Wem dieser Ansatz zu makaber ist, der kann anstelle von Grabreden die entsprechende Laudatio zu seinem 60., 70., 80., 90. Geburtstag schreiben. Die Personen, die diese Reden halten, sind dieselben und auch bei diesem Ansatz gibt es nur Positives zu berichten: »Wir sind heute hier zusammengekommen, um den 65. Geburtstag meiner lieben Frau zu feiern. Viele sind von weit hergereist … Ich weiß noch, damals im Jahr 1970 im Mai, als ich sie kennenlernte. Wie heißt es doch so schön? Liebe auf den ersten Blick. An dieser Liebe hat sich in all den Jahren nichts geändert, im Gegenteil, sie ist immer intensiver geworden. Als ich vor zehn Jahren mit einer schweren Krankheit zu kämpfen hatte, hat sie mich mit einer irren und liebevollen Geduld begleitet …«
>
> Die Leser dieses Buches, die zur eher harten Sorte gehören, können noch eine weitere Variante hinzufügen: Die Grabrede am heutigen Tage. Zugegeben, eine harte Methode, die jedoch schlagartig die Augen öffnen kann. Bei dieser Methode wird überhaupt nicht geschönt. Sie schreiben so, wie Sie denken, was zum Beispiel Ihr Lebenspartner, Ihre Kinder, Ihr Chef, Mitarbeiter, Banker, Freund, Nachbar heute an Ihrem Grab sagen müsste – wahr und ungeschönt. Diese oftmals ernüchternde Übung kann Ihr Leben radikal verändern.
>
> »Hier unten liegt er, mein Vater. Na ja, Vater. Eigentlich war er Zeit seines Lebens eine fremde Person für mich. Als ich noch klein war, hat er das Haus verlassen, da schlief ich noch. Wenn er nach Hause kam, lag ich bereits wieder im Bett. Er hat mich nie mal getröstet, als ich traurig war. Nie mal verbunden oder zum Arzt oder in den Kindergarten gebracht. Anstatt mit mir zu spielen, hat er mir lieber irgendwelche Spielsachen gekauft. Wenn er sich wirklich einmal herabgelassen hat, mit mir zu spielen, dann war er derartig genervt, dass ich selbst keine Lust mehr hatte. Ich will mit dir einen Drachen bauen – das gibt es wohl überall, nur nicht bei diesem Egoisten …«

Als ich persönlich vor vielen Jahren meine Grabrede zum gegenwärtigen Augenblick geschrieben hatte, stand mir das Wasser in den Augen. Das hat meine Beziehung zu meinen Kindern und mein Verhalten augenblicklich verändert. Wer auch zu dieser Übung keinen Zugang findet, der sei beruhigt. Es gibt noch weitere Ansätze, zum Beispiel den Lebensrückblick. Eine ähnliche Übung hat mein Hausarzt einmal mit mir gemacht, nur in negativer Hinsicht. Er wollte mich ein wenig einbremsen. Er sagte: »Wenn Sie mit einem Herzinfarkt im Krankenhaus liegen und sich fragen: Was hätte ich bisher anders machen sollen? Was wäre es gewesen?« Genau das, was meine Antwort sei, das sollte ich machen.

> **Übung**
>
> **Der Lebensrückblick**
>
> Gehen Sie gedanklich so weit in die Zukunft, wie Sie es irgendwie schaffen. Machen Sie einen Rückblick auf Ihr Leben als alter Mann oder als alte Frau. Alt ist natürlich relativ. Gehen Sie einfach so weit in die Zukunft, wie Sie es sich vorstellen können, und schauen Sie dann zurück.
>
> Sie könnten beispielsweise schreiben: »Ich sitze mit meiner mir in bedingungsloser Liebe verbundenen Seelengefährtin auf der Terrasse unseres wunderschönen Traumhauses in der Toskana. Ich bin jetzt 78 Jahre alt und erfreue mich allerbester Gesundheit. Meine Partnerin ist auch topfit. Wir sitzen Händchen haltend in der Sonne und schauen über die Olivenhaine ins grüne Tal. Auf meinem Konto befindet sich ein Betrag von 600 000 Euro. In meinem beruflichen Leben habe ich das Kunststück geschafft, bei aller Arbeit in Glückseligkeit zu sein und mich wohlzufühlen. Ich bin bekannt als ein Mensch, der immer und gern anderen geholfen hat und hilfsbereit war. »Der ist einfach immer gut drauf«, ist das, was man mir nachsagt. Meine beiden Kinder sind mit ihren Lebenspartnern und den Enkeln zu Besuch. Als Botschaft für meine Kinder, Enkel und die Menschheit habe ich Folgendes hinterlassen: Sei immer hilfsbereit. Vertraue auf deine göttliche Schöpferkraft. Sorge dafür, dass du dich immer wohlfühlst und glücklich bist, denn das ist dein göttliches Recht. Die Hölle beziehungsweise das Glück, das du empfindest, hast du dir selbst gemacht ...«
>
> Schmücken Sie Ihre optimale Vision in allen Details komplett aus. Auf diese Weise können Sie Ihren wahren Lebenssinn entwickeln.

Wir nutzen nun im Prinzip den gleichen Ansatz, nur positiv. Wir liegen nicht im Krankenhaus, sondern gehen als alter Mann oder alte Frau in die Vision der optimalen Glückseligkeit. Worauf wollen wir zurückblicken können? Was wollen wir hinterlassen haben? Und das

DER GLÜCKMACHER

nicht nur materiell, sondern auch als Botschaft. Bei diesem Ansatz geht es viel mehr um wahre Werte. Der rote Ferrari zur Glückseligkeit ist auf einmal überhaupt nicht mehr so wichtig.

Wer auch zu dieser Methode keinen Zugang findet, der kann sich seine Sinnvision auch tabellarisch erarbeiten.

Übung

Der tabellarische Weg

Der tabellarische Weg ist der Weg, sich seinen Lebenssinn und sein Lebensziel zu erarbeiten, der den meisten Menschen am besten liegt. Als genetische Pessimisten wissen wir logischerweise am leichtesten, was wir nicht wollen. Diesen Ansatz machen wir uns bei diesem Weg zunutze. Denn wenn wir wissen, was wir nicht wollen, dann wissen wir auch, was wir wollen. Nämlich in der Regel das genaue Gegenteil davon. Das lässt sich leicht mit einer Tabelle darstellen. Ich habe Ihnen eine Beispieltabelle zusammengestellt, die Sie leicht übernehmen und auf Ihr persönliches Leben anwenden können.

Lebensbereich	aktueller, konkreter Ist-Zustand	optimaler, konkreter Soll-Zustand
Geld	Aktuell 183 000 Euro Schulden, jeden Monat rund 200 Euro Verlust	Spätestens ab 1. 1. 2011 verdiene ich mindestens 3500 Euro netto im Monat oder bestmöglich mehr. Ab spätestens 30. 6. 2015 befinden sich mindestens 300 000 Euro netto auf meinem Konto oder bestmöglich früher.
Gesundheit	Ich bin laufend erkältet und müde. Außerdem habe ich 15 Kilo Übergewicht.	Spätestens ab 1. 1. 2011 bin ich rundum gesund und fühle mich topfit. Bis dahin habe ich mein Idealgewicht erreicht.

Mein Glückspegel	Ich fühle mich nicht glücklich. Ich sorge mich um die Zukunft und will alles kontrollieren	Spätestens bis zum 1. 4. 2010 bin ich nur noch gut drauf. Ich fühle mich total wohl und glückselig. Ich weiß um meine eigene Göttlichkeit, lebe sorgenfrei und lasse den Dingen ihren bestmöglichen Lauf.
Meine Beziehung	In meiner Beziehung erlebe ich ständig Spannung. Nach jedem längeren Zusammensein bin ich fertig mit den Nerven	Spätestens bis 1. 3. 2010 haben sich unsere Beziehungsprobleme geklärt. Ich lebe in einer wunderbaren Partnerschaft, die auf Vertrauen, Liebe und Verständnis beruht und die mich trägt.
Haus/Wohnung		
Beruf		
Freundschaften		
Lebenssinn		
Hobby		
Usw. usw. usw.		

Diese Tabelle ist lediglich ein Beispiel. Wichtig beim Erstellen einer solchen Übersicht ist, dass Sie zu hundert Prozent ehrlich sind und nichts beschönigen. Bei der Formulierung des optimalen, konkreten Soll-Zustandes sollten Sie wirklich konkret werden. Damit Sie sich nicht aus Versehen selbst beschneiden, ist es wichtig, nach oben offen zu bleiben. Es gibt sehr viele Menschen, die genau das erreicht haben, was sie auf diese Art und Weise manifestiert haben. Und sie fragen sich dann: »Hätte es nicht auch noch ein wenig mehr oder etwas schneller sein können?« Da wir auf der einen Seite konkret sein müssen (unser Unterbewusstsein kennt kein »bisschen schwanger«) und auf der anderen Seite jedoch auch nach oben offen bleiben wollen, bleiben uns nur Formulierungen wie: bis spätestens, mindestens, bestmöglich früher oder bestmöglich mehr.

Was Sie sich mit einer solchen Tabelle erarbeitet haben, sind quasi die Eckdaten für das Erstellen Ihres optimalen Drehbuchs für Ihr Leben. Das heißt, dass Sie nun im zweiten Schritt Ihr »schon da sein« leben sollten. Wenn Sie das jedoch nicht auf direktem Wege schaffen (das schaffen die wenigsten), haben Sie sich vorher also die relevanten Daten erarbeitet. Wichtig bei alledem: Es geht in der letzten Konsequenz nicht wirklich um diese Dinge, sondern lediglich um Ihr Gefühl. Also sollten Sie sich bei allen erarbeiteten Punkten auch im Vorfeld schon so richtig geil fühlen.

19. Glücklich durch Sex

Sex gehört sowohl zum Überlebenstrieb als auch zum Vergnügungstrieb. Sex macht uns also in jedem Falle Belohnungsgefühle. Zu diesem Thema gibt es eine Unmenge an Literatur. Deswegen in diesem Buch nur der pragmatische Hinweis: Machen Sie sich glücklich durch Sex. Wer ihn befolgt, kann also ohne Ausrede immer seine Belohnungsgefühle bekommen. **Und dem Belohnungsgefühl ist es egal, wie wir den Sexualtrieb befriedigen.**

20. Glücklich durch Berührung

Berührung macht glücklich. Berührungen zu erfahren ist für uns fast so wichtig wie atmen. Wir alle kennen diese Aussage: »Nimm mich einfach mal in den Arm!« »Was soll das schon bringen?«, sagt sich dabei das typische männliche Ego, ein Indianer kennt keinen Schmerz, immer schön cool bleiben. Es hat aber unrecht. Denn heute wissen wir, dass bei Berührungen eine Menge passiert. Ob wir barfuß gehen oder einfach mit den Fingern im Sand spielen oder noch besser:

wenn wir uns gegenseitig berühren – in solchen Momenten funken zigtausend unserer Sinneszellen in unserer Haut ihre Empfindungen an das Gehirn. Alte, unentwegt vorhandene und damit unbewusst gewordene Reize blendet es aus, zum Beispiel spüren wir unsere Kleidung oder unsere Uhr, die wir ständig tragen, nicht bewusst. Handelt es sich jedoch um neue, ungewohnte und damit bewusste Berührungen, dann geht es rund im Gehirn. Dann wird das sogenannte Kuschelhormon, Oxytocin, ausgeschüttet. Durch die Ausschüttung von dieser kostenlosen Droge passiert Folgendes in unserem Körper: Wir sind geschützt vor Stress, die Widerstandkräfte des Körpers werden aktiviert, wir fühlen uns glücklicher, können mehr lieben und vertrauen.

Vor einigen Jahren haben die Wissenschaftler den Tastsinn genauer untersucht. Das Ergebnis: Sanfte Berührungen sind für den Menschen so wichtig, dass es dafür sogar ein eigenes Meldesystem gibt. Es geht dabei nicht um Berührungen wie Kratzen oder Kneifen, sondern um langsame, sanfte Berührungen. Diese kommen im Gehirn sogar schneller an als Informationen über das Sehen oder Hören. Experimente zeigen, dass Ratten, die gestreichelt werden, mehr Antikörper im Blut aufweisen als Ratten, die nicht gestreichelt wurden. Und (menschliche) Babys ohne Körperkontakt sterben früher als Babys, die natürlichen Körperkontakt genießen können.

Wenn wir also von dieser kostenlosen, wunderbaren Kuscheldroge etwas abbekommen wollen, dann sollten wir dafür sorgen, dass wir sanft und langsam berührt werden. Wer einen Partner hat, dem sollte das nicht schwerfallen. Kaufen Sie sich Massageöl und am besten noch ein Massagebuch. Massieren Sie sich gegenseitig ganz sanft und langsam. Berühren Sie sich möglichst oft und liebevoll. Berühren und umarmen Sie Ihre Mitmenschen, und nicht nur Ihre Verwandten und Bekannten. Mittlerweile gibt es in ganz Europa Bewegungen der Free Huggers, bei denen Sie sich kostenlos umarmen (lassen) können. Niemand hätte es für möglich gehalten, dass diese Bewegung einen solchen Run auslöst. Das beweist ganz einfach, dass wir zu wenig berührt werden und dass Berührung guttut. Wie sollte sich sonst erklären, dass sich Menschen, die von einer wildfremden Person einmal einfach so umarmt werden, sich anschließend glücklicher fühlen?

Wenn Sie sich es leisten können, dann gönnen Sie sich so oft wie möglich wohltuende Massagen vom Profi. Dabei muss es sich keineswegs um eine klassisch therapeutische oder um eine Sportmassage handeln. Die Kuschelhormone erleben Sie am besten bei einer Klangschalen-, einer Aroma- oder einer Ayurvedamassage. Hauptsache, langsam und sanft – und das ist durchaus auch für harte Männer geeignet.

21. Glücklich durch den Genuss der Freuden des Lebens

Wenn Sie alle Punkte bis hierhin definitiv beherzigen, sollte Ihr Leben bereits jetzt ein wahrer Glückstaumel sein. Es sei denn, Sie halten alles bisher Gelesene für reine Theorie. Ich frage mich dann allerdings, warum Sie so viel Zeit für das Lesen dieses Buches investieren. Wie auch immer, die Freuden des Lebens können Sie auf jeden Fall genießen. Was könnten Sie diesbezüglich konkret tun?

Genießen Sie Ihren Alltag. Sei es durch Joggen am Morgen, ein ausgedehntes Frühstück mit dem Partner, ausgiebiges Spielen mit den Kindern, ein unterhaltsames Treffen mit Freunden und anderem mehr. Es gibt viele wunderbare Alltagssituationen, die Sie wie unser Hans Normalo erleben können oder auch bewusst. Bewusstes Erleben schafft Ihnen Genuss und Glücksgefühle.

Wenn Sie glückliche Tage und Erinnerungen immer wieder neu durchleben, verstärken sich Ihre positiven Gefühle und Sie steigern Ihr Glücksempfinden. Beispiele dafür gibt es viele: erstes Date, erster

Kuss, endlich Schluss mit dem Schulstress, Verlobung, Hochzeit, Nachwuchs, die Beförderung …

Feiern Sie gute Nachrichten, beispielsweise dass die Freundin den Krebs überstanden hat, die Beförderung im Beruf durch ist, die Sonne scheint, die Kinder gute Noten haben, man endlich einmal Zeit für sich hat, die Impulse in diesem Buch definitiv weiterhelfen …

Legen Sie ein Glücksalbum mit Bildern von den Kindern und vielen, vielen glücklichen Momenten, die Sie besonders genossen haben, an. Bei jedem Betrachten dieses Albums werden augenblicklich Glücksgefühle ausgelöst.

Genießen Sie mit allen Sinnen. Ablenkungen durch den Fernseher, die Tageszeitung sind nicht wichtig. Üben Sie sich darin, die kleinen Freuden des Lebens wie ein Glücksdetektiv zu entdecken. die wärmende Sonne, den Duft aus der Bäckerei, die Süße einer reifen Frucht, des flirtende Lächeln einer vorübergehenden Frau …

Genießen Sie den Blick aufs Leben wie durch eine Kamera. Man blickt immer mit einem Auge durch den Sucher der zielgerichteten, selektiven Wahrnehmung. Aber das andere Auge ist in der Lage, schöne Dinge zu erfassen. Wenn wir uns bewusst sind, dass unsere Wahrnehmung subjektiv und zielgerichtet ist, dann können wir sie auch abschalten und »einfach so« schauen. Und schon öffnen wir auch das andere Auge.

Zusammenfassung der Glücksaktivitäten

So, jetzt ist erst mal Zeit zum Durchatmen. Das waren eine Menge Infos. Wie soll sich die ein Mensch alle merken? Deswegen nochmals eine pragmatische Zusammenfassung der 21 Glücksaktivitäten, die Ihnen als Überblick helfen dürfte. Natürlich ist es nicht so, dass diese

Liste der 21 Glücksaktivitäten irgendeinen Anspruch auf Vollständigkeit erhebt. In der letzten Konsequenz muss sich jeder für sein eigenes Leben seine Glückaktivitäten und Einstellungen selbst zurechtlegen. Doch genau hierbei sollen Ihnen die Aktivitäten Anregungen bieten.

Das Wort »Aktivitäten« lässt Sie vielleicht erst einmal stolpern, da es sich teilweise um keine körperliche Aktivität, sondern um das Annehmen einer anderen Sichtweise handelt. Da aber auch das nicht von allein geschieht, erfordert es Ihr aktives Zutun – von daher stimmt der Begriff.

Auf jeden Fall empfehle ich Ihnen, sich aus den 21 Zutaten Ihr eigenes persönliches Glücksmenü zusammenzustellen.

1. Glücklich durch Selbstliebe

Selbstliebe räumt mit den vielen Schuldgefühlen auf, die wir aus der Vergangenheit mit uns herumschleppen. Was wir als Sünde und Schuld bezeichnen, ja regelrecht so gelernt haben, ist lediglich eine Erfindung des Egos, es ist eine Manifestation aus einer noch unbewussten Zeit. Also: Machen Sie niemanden mehr schuldig, auch sich selbst nicht. Betrachten Sie das, was Ihnen unangenehme Gefühle beschert, und fragen Sie sich, woher dieses Gefühl stammt. Es werden Ihnen Situationen aus der Vergangenheit einfallen, die Sie im Ergebnis als »nicht gut« einordnen. Lenken Sie nun Ihre Sichtweise auf die Bemühungen (nicht auf das Ergebnis), die Sie unternommen haben, um ein besseres Ergebnis zu erhalten. Achten und lieben Sie sich für Ihre Bemühungen, und Ihre Laune wird sich augenblicklich verbessern. Richten Sie in allen Dingen, die Ihnen scheinbar ein schlechtes Gefühl verursachen (auch aktuelle Situationen), Ihren Blick auf Ihre Bemühungen und achten und lieben Sie sich dafür.

2. Glücklich durch bedingungslose Liebe

Hierbei ist das Wort »bedingungslos« wörtlich zu nehmen! Bei diesem Ansatz geht es darum, die Liebe, die höchste Schwingungsfrequenz, die wir nicht messen können, ganz einfach zu erfühlen und auf andere zu übertragen. Und das unabhängig von allen Kriterien oder Bedingungen, die jemand für Anerkennung vom anderen für gewöhnlich erfüllen muss. Sagen Sie sich im tiefsten Glauben und voller Überzeugung: »Ich gehe in Resonanz zur bedingungslosen Liebe!« Sie spüren dieses Gefühl in der Mitte Ihrer Brust. Anschließend lassen Sie es sich im ganzen Körper ausbreiten. In der nächsten Stufe gehen Sie dann in Resonanz zu Ihren Mitmenschen. Sie sollten sich augenblicklich glücklich fühlen.

3. Glücklich durch ein Leben im Hier und Jetzt

Dadurch, dass der Verstand lediglich die Vergangenheit und die Zukunft kennt, den gegenwärtigen Augenblick jedoch nicht, ist es wichtig, ins Jetzt zu kommen. Denn glücklich fühlen können wir uns nur jetzt, in diesem Augenblick. Dazu gibt es praktische Ansätze:

- **Absichtsvolle Absichtslosigkeit**: Unterteilen Sie den Tag in möglichst viele kleine Abschnitte. Geben Sie dann den Abschnitten jeweils eine Absicht, die Sie erfahren möchten. Gehen Sie anschließend absolut absichtslos in die entsprechende Phase hinein. Dadurch werden Sie zum bewussten Schöpfer ebendieses Zeitraumes und befinden sich gleichzeitig im Jetzt – und nur im Jetzt können Sie so richtig glücklich sein.
- **Achtsamkeit in sinnhafte Erfahrungen lenken**: Lenken Sie bei all Ihrem Tun einen Teil Ihrer Achtsamkeit in einen Teil Ihrer Körperempfindung, also in bewusstes Schauen, Hören, Rie-

chen, Schmecken oder Fühlen. Diese Achtsamkeit in sinnhafter Erfahrung ankert Sie im gegenwärtigen Augenblick, also im Jetzt.
- **Achtsamkeit ins Energiefeld lenken**: Erfühlen Sie das ewige Energiefeld in Ihrem Körper, wie Sie es in der Übung auf Seite 68 lesen und ausprobieren konnten. Wenn Sie während Ihrer Alltagstätigkeiten parallel Ihr eigenes Energiefeld erfühlen, bringt Sie das unmittelbar ins Jetzt und verleiht Ihnen eine unglaubliche Präsenz. Auch andere werden es spüren.

4. Glücklich durch vollkommene Hingabe

Vollkommene Hingabe in das, das was gerade ist, löst Leiden auf. Denn Leiden ist Widerstand gegen das, was gerade ist. Durch vollkommene Hingabe beenden Sie den Kreuzweg des Lebens und kommen ins Glücksgefühl. Welche Situation sich auch immer in Ihrem Leben bietet, sagen Sie radikal Ja zu dem, was ist. Sei es ein Stau, eine Wartezeit oder auch ein Schmerz. Dadurch lösen Sie den Schleier der konditionierten Vergangenheit auf und sehen klar. Sie verwandeln Unglücksgefühle in Glücksgefühle.

5. Glücklich durch die neue Sichtweise der Stimmigkeit

Indem wir uns bewusst machen, wer und was alles in unserem Leben ganz einfach stimmig ist, werden aus ablehnenden Gefühlen Belohnungsgefühle. Hierbei ist es wichtig, bewusst zu schauen, was alles stimmt, seien es Menschen, Situationen oder auch technische Geräte oder Zeitpunkte. Sobald wir uns ein Stimmigkeitsmerkmal bewusst machen, fühlen wir uns augenblicklich glücklicher.

6. Glücklich durch die neue Sichtweise der Beliebtheit

Die Angst davor, nicht beliebt zu sein, lässt sich zurückführen bis auf die Angst vor dem Tod. Früher im Urzeitrudel hätte es zur Ausgrenzung geführt und das dann unweigerlich zum Tod, durch Erfrieren, Verhungern oder durch den Säbelzahntiger. Heute ist unser Rudel wesentlich größer, kulturell gesehen ist es ganz Europa! Also höchste Zeit, sich diese neue Sichtweise zunutze zu machen. 99,9 Prozent unserer Gene sind gleich. Jedes Mal, wenn wir mit anderen Personen in der gleichen Situation sind, in der Disco, im Kino, im Einkaufszentrum oder sonst wo, dann sind wir uns ähnlich. Das schafft pauschal Vertrauen. Und genau das können wir uns als Beliebtheitsmerkmal zunutze machen. Dann sehen wir die Kassiererin, die uns freundlich anlächelt. Wenn wir die Brille der Beliebtheit aufsetzen, stellen wir den ganzen Tag über fest, wo wir überall beliebt sind, wir bekommen automatisch Belohnungs- beziehungsweise Glücksgefühle.

7. Glücklich durch Eigenverantwortung

Eigenverantwortung ist Macht, ist Bewusstheit. Diese Macht ist uns aber sowohl genetisch als auch durch die Umwelt abgewöhnt worden. Haben wir in der Urzeit Eigenverantwortung gezeigt und am Ende noch gemacht, was wir wollten, dann wurden wir nicht selten ausgegrenzt oder auch einfach erschlagen. Auch heute noch wird Eigenverantwortung meistens bestraft, man macht uns Angst davor. Damit wir bloß nichts selbst entscheiden, werden wir in allen Bereichen möglichst reglementiert und geregelt. Gerade die Deutschen regulieren sich zu Tode! Eigenverantwortung haben heißt auch, sich zu entscheiden. Und jedes Mal, wenn wir vor einer Entscheidung stehen, geht es uns schlecht. Viele können nachts nicht schlafen und bekommen Magenprobleme. Ab dem Zeitpunkt, ab dem wir uns entschieden haben, geht es uns schlagartig gut. Wir haben unsere

Macht zurückerhalten und bekommen Belohnungsgefühle. Eigenverantwortung heißt: Entscheidungen treffen. Also entscheiden Sie sich! Machen Sie, was Sie wollen, es ist Ihr Leben und nicht das Ihrer Eltern oder Ihrer Nachbarn.

8. Glücklich durch Lachen, oder zumindest Lächeln

Wie Sie lesen konnten, gibt es eine Verbindung vom Kopf zum Körper. Wenn also das Kommando kommt: »Finger, zuck!«, dann zuckt der Finger wie bei einer Marionette. Das Gleiche funktioniert auch umgekehrt. Wenn wir am Körper etwas verändern und diese Veränderung über einen Zeitraum von 60 bis 90 Sekunden aufrechterhalten, dann realisiert unser Gehirn diesen Zustand als gegeben und stellt sich hormonell darauf ein. Legen Sie also ein Lächeln auf Ihr Gesicht! Das Ergebnis: Sie bekommen zur Belohnung Freudenhormone und fühlen sich einfach glücklicher.

9. Glücklich durch die richtigen Fragen

Die Theorie für die glücklich machenden Fragen ist ganz einfach, denn wir wissen heute, dass alles Denken im Wachzustand lediglich eine Abfolge von Frage und Antwort ist. Weiterhin wissen wir, dass aus unserem Denken Gefühle entstehen. Wie sagte Buddha: »Herrschaft über das Denken gibt Herrschaft über Leib und Seele!« Die Kriterien für Fragen, die uns glücklich machen, sind:

1. Glücksgefühlsfragen richten sich auf die Zukunft.
2. Glücksgefühlsfragen sind positiv.

Egal, was in Ihrem Leben passiert und wie die jeweiligen Umstände sind, fragen Sie sich immer, was das Positive an dieser Situation ist und wie Sie durch diese Angelegenheit Ihre Zukunft positiv verändern können.

10. Glücklich durch das Vermeiden von Grübeleien

Das Grübeln scheint uns in die Wiege gelegt zu sein. Es ist meistens die Hölle auf Erden. Dem Verstand ist der gegenwärtige Augenblick nie genug. Er versucht immer, dem, was ist, irgendetwas hinzuzufügen. Wir sind meistens am »Hirnwichsen«. Das wiederum ist, wie Sie lesen konnten, ein Spannungsabbau im Kopf. Hier also das Vier-Punkte-Programm gegen Grübeleien:

1. Beenden Sie jeden Tag mit dem Gedanken, Ihr Bestes gegeben zu haben.
2. Vermeiden Sie Grübleleien durch Ablenkung, Ablenkung und nochmals Ablenkung.
3. Wenn Sie Ihr Grübeln überhaupt nicht stoppen können, dann lassen Sie es einfach zu und beobachten Sie es.
4. Die letzte Möglichkeit: Reden Sie mit einem vertrauensvollen Menschen über Ihre Gefühle und die Gedanken, die Sie zum Grübeln bringen.

11. Glücklich durch Hilfsbereitschaft und Freigiebigkeit

Wenn wir anderen helfen und ihnen freigiebig begegnen, dann entstehen bei uns selbst Glücksgefühle. Und das ganz einfach dadurch, dass wir nichts geben können, was wir nicht selbst haben. Wir beweisen uns also beim Geben, dass wir haben, und glauben es dann auch entsprechend. Wer hat, dem wird gegeben. Durch das Geben wissen wir, dass wir haben, wir glauben, dass wir haben, und empfangen entsprechend nach unserem Glauben. Tun Sie sich selbst den Gefallen, anderen zu helfen und zu geben. Ihr lymbisches System beschenkt Sie dann selbst entsprechend. Leichter können Sie sich kaum Glücksgefühle machen. Übrigens, geben kann man auch Zeit oder einfach nur Zuwendung.

12. Glücklich durch Dankbarkeit

Indem wir uns auf die Dinge konzentrieren, für die wir dankbar sein können, verändern wir unsere Sichtweise. Wir orientieren uns auf Dinge, die uns glücklich machen, und werden dadurch ganz einfach glücklicher. Um den Blick auf Dankbarkeit und gleichzeitig Urvertrauen zu lenken, empfehlen sich zwei Übungen:

Schreiben Sie jeden Morgen Ihre Urvertrauensliste. Schreiben Sie: Ich bin so dankbar, dass …

… ich entspannt an meinem Arbeitsplatz angekommen bin.
… ich heute bei der Arbeit jede Menge Freude und Spaß hatte.
… ich heute eine positive Überraschung erhalten habe.
… ich heute das Projekt erfolgreich abgeschlossen habe.
… ich heute gigantischen Sex hatte.

Diese Übung macht Sie glücklich und schenkt Ihnen gleichzeitig Vertrauen in Ihre Schöpferkraft.

Für reine Glückshormone durch Vorfreude bietet sich die Lebensqualitätsliste an. Schreiben Sie jeden Morgen Ihre Lebensqualitätsliste, listen Sie jeden Morgen drei Dinge auf, die Sie sich heute antun, um Ihrem Leben mehr Lebensqualität und Freude zu bereiten, zum Beispiel:

- Ich werde heute in der Mittagspause einen Spaziergang machen, mich auf eine Parkbank setzen und mir ein Eis gönnen.
- Ich werde heute meiner Lebensgefährtin eine Rose mit nach Hause bringen und mich gemeinsam mit ihr an unserer Liebe erfreuen.
- Ich werde mir für heute Abend einen Termin mit mir selbst ausmachen und mich mit einem schönen Glas Rotwein und meinem Lieblingsbuch allein in meinen Sessel zurückziehen.

Durch eine solche Liste erleben Sie Vorfreude und Glückshormone, Ihr Tag hat ganz einfach mehr Lebensqualität. Und wenn Sie von Ihren drei Punkten nur einen umsetzen, dann war der Tag mehr wert, als wenn Sie überhaupt nichts gemacht hätten.

13. Glücklich durch Optimismus

Um glücklich zu sein, ist eine optimistische Lebenseinstellung absolut von Vorteil. Auf der anderen Seite ist sie allerdings überhaupt nicht so einfach, da wir ja genetische Pessimisten sind. Optimismus müssen wir in der Regel lernen. Die goldene Regel lautet: Nehmen Sie sich ab sofort vor, nur noch positive Signale an sich selbst und Ihre Mitmenschen zu senden! Ja, es fängt mit Ihnen selbst an, wie es auch im Neuen Testament heißt: »Liebe deinen Nächsten wie dich selbst!«

Nochmals die klassischen Gesetze des Positiven Denkens:

- Der Mensch ist, was er denkt.
- Was der Mensch denkt, strahlt er aus.
- Was er ausstrahlt, zieht er an.
- Er bekommt nicht das, was er will, sondern das, was er glaubt.
- Wir bewegen uns auf das Ziel hin, mit dem wir uns gedanklich am meisten beschäftigen.
- Wir sind genau so glücklich, wie unsere Gedanken über unser Glück es zulassen.

14. Glücklich durch soziale Beziehungen

Der Mensch ist ein soziales Wesen. Auf Dauer können wir allein nicht glücklich sein. Dafür benötigen wir andere Menschen, Liebe und ein soziales Umfeld. Vier Tipps zum Glück durch soziale Beziehungen:

- Schauen Sie sich die Angewohnheiten von sehr glücklichen Menschen ab, tauschen Sie sich mit ihnen aus.
- Kein Mensch ist eine Insel. Soziale Kontakte sind wichtig, weil sie uns in schwierigen Zeiten Unterstützung bieten.
- Im Bereich der sozialen Kontakte finden wir oftmals auch Liebe, die uns in einen wahren, emotionalen Glücksrausch versetzen kann.
- Freuen Sie sich mit Ihrer Familie oder Freunden über deren Erfolge und vermeiden Sie es, durch Neid oder Missgunst Konflikte entstehen zu lassen.

15. Glücklich durch Sport

Bewegung ist einer der ganz wichtigen Glückslieferanten. Jeder, der in irgendeiner Form Sport macht, muss bestätigen, dass er sich danach in der Regel so richtig glücklich fühlt. Wer sich nicht bewegt und nur auf dem Sofa liegt, wird depressiv. Also: Bewegen Sie sich, machen Sie Sport. Aber ganz wichtig: Egal, was Sie für einen Sport machen, es soll auch Spaß machen! Nutzen Sie überdies die normalen Möglichkeiten, um sich zu bewegen, gehen Sie zu Fuß einkaufen, steigen Sie die Treppen, anstatt den Fahrstuhl zu nehmen. Dabei sollte alles, was Sie machen, leicht gehen. Bewegen Sie sich im Quasseltempo, also so, dass Sie sich dabei noch unterhalten könnten.

16. Glücklich durch Religion und Spiritualität

Religiöse Menschen sind in der Regel glücklicher und gesünder. Sie geben ihrem Leben einen höheren Zusammenhang, sogar bis über den Tod hinaus. Je höher der Zusammenhang, umso höher der Sinn, umso höher die Motivation und damit das Glücksempfinden. Auch die klassischen Nackenschläge des Lebens werden mit einem höheren Sinn besser ertragen. Versuchen Sie also, wo irgend möglich das

Göttliche im Alltag zu erkennen, im Lachen eines Kindes, einer schönen Blume, einem Sonnenuntergang …

17. Glücklich durch Sinn

Sinn bedeutet, etwas in einen höheren Zusammenhang zu bringen. Ohne höheren Zusammenhang ist unser Leben sinnlos. Sinnlosigkeit bedeutet Demotivation. Sinn lässt sich, neben dem bereits angesprochenen religiösen oder spirituellen Sinn, über verschiedene Wege erfahren:

- **Körperlich zu erfahrender Sinn**: Sinn lässt sich logischerweise auch über die Sinne erfahren, das bringt uns automatisch Motivation und Glücksgefühle. Sinne schaffen den Zusammenhang zwischen innen und außen. Um den Sinn körperlich zu erfahren, ist es wichtig, bei unserem Tun das Tempo herauszunehmen. Wir sollten eins nach dem anderen machen und nicht alles gleichzeitig. Ansonsten haben die Informationen keine Chance, von uns bewusst wahrgenommen zu werden, dann fehlt der körperliche Sinn. Konzentrieren Sie sich bewusst auf Ihr Essen, Ihr Trinken, Ihr Gehen, Ihr Fühlen, Ihr Riechen. Gehen Sie am besten wieder einmal bewusst in die Natur und erleben sich und Ihr Umfeld dort mit allen Sinnen.
- **Sinn, der durch Unglück zu erfahren ist**: Wenn selbst im Unglück noch Sinn zu erfahren ist, dann ist das Unglück ja überhaupt kein Unglück mehr. Unglück ist dann ganz einfach die andere Seite der Medaille. Wir benötigen die Gegensätze, so wie das Licht ohne die Dunkelheit nicht als Licht zu erfahren ist. Yin und Yang gehören zusammen. Erst durch die Gegensätze lässt sich die wahre Tiefe erfahren, die wahre Fülle. Sinn im Unglück zu erfahren, das ist der wahre Sinn der Fülle!
- **Sinn durch Zielklarheit**: Da wir uns auf unserer Reise des Lebens von der Geburt auf den Tod zubewegen, ist eines für uns alle ent-

scheidend: die Zeit. Wenn wir einen höheren Zusammenhang für unser Leben, einen höheren Sinn finden wollen, benötigen wir dafür ganz einfach Lebens- und Berufsziele. Ziele schaffen diesen Zusammenhang und geben uns damit ganz einfach Motivation und Glücksgefühle.

18. Glücklich durch klare Ziele und Visionen

Wichtig ist bei diesem Punkt, dass es sich bei Ihren Zielen wirklich um eigene handelt. Lassen Sie sich darin nicht fremdbestimmen, erschaffen Sie sich Ihre individuellen Ziele und Visionen. Das bringt Motivation und Antriebskraft. Um den Filter der zielgerichteten Wahrnehmung zu trainieren, empfehlen sich folgende Übungen (auch sie bescheren Ihnen Selbstvertrauen und Glücksgefühle):

- Beschreiben Sie Ihr ideales Leben so, als lebten Sie es bereits. Man muss schon da sein, bevor man angekommen ist.
- Schreiben Sie Ihre eigene Grabrede. Schreiben Sie alternativ die Laudatio zu Ihrem 75. Geburtstag.
- Schreiben Sie Ihren Lebensrückblick als alter Mann, alte Frau.
- Beschreiten Sie den tabellarischen Weg, siehe Seite 118.

19. Glücklich durch Sex

Sex macht uns in jedem Falle Belohnungsgefühle. Und diesem Gefühl ist es egal, wie wir den Sextrieb befriedigen.

20. Glücklich durch Berührung

Durch Berührungen bekommen wir sofort ein Superhormon, unser Kuschelhormon, nämlich Oxytocin geschenkt. Wir fühlen uns glücklicher, können mehr lieben und vertrauen und unsere Widerstandskraft wird obendrein gestärkt. Daher mein Tipp: Berühren, streicheln und massieren Sie sich und andere sanft und langsam, so viele Menschen wie möglich. Gönnen Sie sich – wenn möglich – entsprechende Ayurveda-, Klangschalen- oder Aromamassagen.

21. Glücklich durch den Genuss der Freuden des Lebens

Ganz gleich, welche Punkte Sie sich für Ihr individuelles Glücksleben herausgesucht haben: Die Freuden des Lebens können Sie auf jeden Fall genießen. Dazu ein paar Anregungen:

- Genießen Sie Ihren Alltag: das Joggen am Morgen, das Frühstück, ein Treffen mit Freunden …
- Durchleben Sie glückliche Tage und Erinnerungen immer wieder neu und schaffen Sie sich dadurch Glücksempfindungen.
- Feiern Sie gute Nachrichten bewusst und so intensiv wie möglich.
- Legen Sie ein Genussalbum an, ein Album mit Erinnerungen an glückliche Momente, die Sie genossen haben.
- Genießen Sie mit allen Sinnen und unterbinden Sie dabei möglichst jegliche Ablenkung.
- Der Kamerablick: Genießen Sie es, auch außerhalb des Filters der selektiven, zielgerichteten Wahrnehmung schöne Dinge zu erfassen.

Beginnen Sie am besten sofort, die Glücksaktivitäten umzusetzen, die Ihnen spontan sympathisch erscheinen. Probieren Sie aber auch die restlichen Vorschläge aus. Nicht alle auf einmal, aber nehmen Sie jeden Monat eine neue Aktivität hinzu. Auf diese Weise gehen Ihnen die Aktivitäten in Fleisch und Blut über und Sie spüren, wie Sie Ihren Glücksgefühlslevel immer höher schrauben. Das Arbeiten am eigenen Glückslevel ist sicherlich eine der schönsten Arbeiten im Leben.

Das Manifestieren – Ihr Weg zum Glück

Nun wird es richtig praktisch. Ich zeige Ihnen die Grundregeln zum Manifestieren, nach denen Sie sich Ihr Glück machen können: GLÜCKMACHEN.

Bewusstsein – Unterbewusstsein

Zuerst spreche ich ein Thema an, das die Menschen und speziell die Philosophen seit Tausenden von Jahren bewegt. Ich könnte auch sagen, seit Tausenden von Jahren stellen wir uns die Frage: Wer oder was ist Gott? Was ist die Wahrheit? Jeder, der sich intensiv mit diesen Fragen auseinandersetzt, ist letzten Endes auf der Suche nach der Wahrheit, er ist also ein Philosoph.

Die moderne Neurophysik wirft heute ähnliche Fragen auf. Wenn wir uns vorstellen, dass unsere Augen quasi die Kameraobjektive sind und in unserem Kopf ein Bildschirm ist, auf dem das eingefangene Bild sodann erscheint, dann stellt sich natürlich die Frage: Wer schaut auf diesen Bildschirm? Da muss es doch irgendetwas geben. Viele sind der Meinung, dass es sich dabei um das Bewusstsein handeln müsste. Fragen Sie einen Quantenmechaniker, dann wird er sagen, dass es sich um das sogenannte quantenmechanische Stringfeld handelt. Das Feld, das überall ist und in dem alles mit allem verbunden ist. Übrigens, noch niemandem ist es gelungen, das Quantenfeld auf irgendeine Weise zu zerstören. Fragen Sie einen Esoteriker, wird der sagen, dass es sich um das morphische oder auch morphogenetische Feld handelt. Fragen Sie den Theologen, dann wird er sagen, dass es Gott sei.

Nehmen wir die psychologische Definition, dann müssten wir sagen: Bewusstsein ist die Summe der Ich-Erfahrungen und Vorstellungen sowie die Tätigkeit des wachen, geistigen Gewahrwerdens. Ich-Bewusstsein ist das Wissen um die Identität des eigenen Subjekts und der Persönlichkeit. Bewusstsein schafft die Fähigkeit, sich selbst zu erkennen! Nicht umsonst steht bei dem Orakel von Delphi der Satz: »Mensch, erkenne dich selbst!« Wenn Bewusstsein oder Gott oder auch das quantenmechanische Stringfeld überall ist, dann führt uns das dazu, unsere eigene Göttlichkeit anzunehmen. **Bewusstwerden heißt immer auch dies: seine eigene Göttlichkeit anzunehmen!** Und das ist ganz einfach Macht, das Gegenteil von Ohnmacht.

Alberto Villodo beschreibt in seinem Buch *Die vier Einsichten* ein vier Stufen umfassendes Modell des Bewusstseins. Die unterste Stufe entspricht der rein emotionalen oder auch der Schlangenebene. Die nächste Stufe entspricht der mentalen oder Jaguarebene. Eine Stufe höher geht es um die seelische Ebene oder auch heilige Wahrnehmung, die Kolibriebene. Die höchste Stufe ist die rein spirituelle Wahrnehmung oder auch Adlerebene. Wenn wir krank sind, können wir auf allen vier Wahrnehmungs- oder Bewusstseinsebenen etwas dagegen unternehmen. Auf der Stufe der Schlange arbeiten wir mit Medikamenten, auf der Stufe des Jaguars mit Psychologie, auf der Stufe des Kolibris mit Meditation oder spirituellen Übungen und auf der Stufe des Adlers mit Gewahrsein und der

Weisheit des Spirituellen. Wir könnten auch sagen, dass wir dann mit vollem Bewusstsein sind, also ohne Bewertung oder Benennungen einfach hinschauen. Wir lösen die Probleme quasi mit einem Blick, nutzen die Weisheit des Spirituellen, wir gehen in Resonanz mit der Problemlösung.

Ich habe, inspiriert durch den Schamanismus und Alberto Villodo ein Fünf-Stufen-Modell entwickelt, das ich Ihnen jetzt vorstellen werde: An diesem Modell lässt sich wunderbar das klassische menschliche Drama erläutern. Die meisten Menschen sind in der Hölle des Verstandes gefangen. Diese Ebene oder Schwingungsfrequenz wirkt wie ein Magnet, der die meisten Menschen zu sich zieht. Warum ist das so? Man hat uns dazu erzogen, dass wir alles erklären und berechnen können. Der Verstand jedoch ist an die Zeit gekoppelt. Er kennt kein Jetzt, und damit kann er logischerweise auch nicht die Glücksgefühle, die uns ein Leben im Jetzt bringt, auslösen. Er meint, dem gegenwärtigen Augenblick immer etwas hinzufügen zu müssen, und ist mit dem, was gerade ist, nie zufrieden. Der Verstand ist wie ein Gefängnis mit dicken Mauern. Und so sind viele Menschen in ihrem eigenen Gefängnis, ihrer eigenen Hölle gefangen. Das ist natürlich kaum zum Aushalten. Aber es ist der Dauerzustand bei den meisten – die mittlere Stufe im Modell, die Verstandesebene.

Wie aber kommen wir da raus? Die meisten flüchten auf dem bequemsten Weg: eine Stufe tiefer, eine Stufe unbewusster. Sie gehen auf die emotionale oder auch Tierebene. Das beruhigt. Endlich gibt der Verstand einmal Ruhe. Sie zerstreuen sich durch vielerlei Ablenkung. Das ist eine hervorragende Methode (siehe Glücksaktivität Nummer 10), wenn jemand sein Gegrübel einfach nicht abschalten kann. Bei vielen Menschen steckt jedoch keine bewusste Absicht hinter den Ablenkungsmanövern. Sie lenken sich unentwegt ab, und zwar vollkommen automatisch, wie in Trance, nur um ja nicht mit sich selbst konfrontiert zu werden. So flüchtet der eine in immer mehr Arbeit, bis zur absoluten Arbeitssucht, andere wiederum lenken sich durch eine Party nach der anderen ab oder fliehen in immer andere sportliche Aktivitäten. Solange wir uns das bewusst machen, sind die Aktivitäten auf dieser Ebene der reine Glücksbringer. Wenn wir es automatisch als Flucht vor der Verstandesebene tun, dann macht uns das unbewusster und nicht eben glücklicher. Es kommt also im Wesentlichen auf die Bewusstheit in den einzelnen Ebenen an. Unbewusstheit, die in den unteren Stufen auch möglich ist, macht unglücklich.

Bei vielen muss von morgens bis abends der Fernseher oder wenigstens das Radio laufen, damit der Verstand abgelenkt wird und sie endlich einmal abschalten können. Andere sind in ihrer Verstandeshölle derart unter Anspannung, dass sie kaum, dass der Fernseher läuft, einschlafen, weil nun der eigene Kopf endlich Ruhe gibt. Andere wiederum benutzen Alkohol oder sonstige Drogen, um den Verstand zu betäuben – vier, fünf Bier und endlich stellt sich ein Wohlgefühl ein. Man kann natürlich noch ein paar Bier mehr trinken oder am besten noch mit Schnaps beschleunigen, und bald fällt man noch eine Ebene tiefer, auf die materielle Ebene. Man könnte auch sagen, dass man dann ohnmächtig oder auch ganz einfach, im wahrsten Sinne des Wortes, bewusstlos geworden ist. Unfähig, sich noch zu bewegen oder gar weiterzuentwickeln, depressiv auf dem Sofa gefesselt in absoluter Ohnmacht. Dieser Zustand ähnelt der Vorstufe zum Tod.

Dass dieser Weg, wenn wir ihn nicht voller Bewusstheit, sondern automatisch gehen, nicht zum Glück führt, ist logisch. Die Lösung kann nur darin liegen, aus der Bewusstlosigkeit in die Bewusstheit zu kommen, in die Macht zu kommen und sich nach oben aus der Schwingungsfrequenz des Verstandes herauszubewegen. Also nach oben in die nächste Ebene, die spirituelle. Dies ist nur möglich, wenn wir uns der aktuellen Lebenssituation gewahr sind, also hinschauen, was gerade ist.

Dazu gehört zunächst einmal das bewusste Wissen über die Beschränktheit des Verstandes. Wie wir gesagt hatten, hat der Verstand, unser bewusstes Wissen, die Größe eines Tischtennisballes im Verhältnis zu einem Fußballfeld, dem großen Ganzen. Wir müssen also den Mut haben, uns für Dinge zu öffnen, die mit dem Verstand nicht zu erklären sind. Das heißt auch, das Wort »Zufall« aus dem Leben zu streichen und auf seine Intuitionen und auf seine Gefühle zu achten, Ahnungen ernst zu nehmen, feinsinniges Spüren gehört auch dazu, genauso, wie Sie dicke Luft bei einem Streit spüren. Sie könnten zum Beispiel Yoga üben oder Ähnliches. Es könnte heißen, sich auf sogenannte Energiearbeit einzulassen. Auch beim Meditieren, durch bewusstes In-sich-Hineinfühlen kommt der Verstand zur Ruhe. Da dem Verstand das nicht passt, wird er alles unternehmen, um wieder Beachtung zu bekommen, damit er endlich wieder die Regie hat. Das ist der Grund, wieso Meditation und sonstige Entspannungstechniken für viele nicht so einfach sind. Der Verstand will im wahrsten Sinne des Wortes nicht gezähmt werden. Doch egal, ob Sie in irgendeiner Form ein Entspannungstraining, Yoga, Aufstellungsarbeit nach Bert Hellinger, Schwitzhütte, Reiki oder Ähnliches machen, um der Verstandeshölle nach oben in die Bewusstheit zu entfliehen: Sie benötigen dazu die Bereitschaft, die Offenheit für Dinge, die mit dem Verstand einfach nicht zu erklären sind. Von der spirituellen Ebene ist es auch möglich, die höchste Ebene, die seelische zu erklimmen.

Wobei das Wort »erklimmen« Anstrengung suggeriert. Das Gegenteil ist der Fall. Anstrengung ist es nämlich nicht, besser: permanentes Üben. Die seelische Ebene bedeutet die absolute Annahme der eigenen Göttlichkeit. Das tiefe Empfinden, ein Teil des großen Ganzen zu sein, das Einfluss auf das große Ganze hat. Es ist das tiefe Wissen und Erfahren des ewigen Lebens, wie es manche Menschen nach einem Nahtoderlebnis haben. Es ist das tiefe Wissen, dass Gott oder auch das höchste Bewusstsein überall, also auch in einem selbst ist. Diese tiefe, innige Freude und der tiefe

Frieden übersteigen jeglichen Verstand. Nun, für den Weg zu dieser Ebene kenne ich keine pauschale Lösung, bin mir aber sicher, dass derjenige, der das tiefe Verlangen danach hat, seinen Weg auf diese Ebene findet.

Noch einige Anmerkungen zu diesem Modell. Es ist keine Stufe oder auch Ebene als gut oder schlecht zu betrachten. Optimal nutzen wir alle Ebenen, aber dann auch bewusst und nicht automatisch. Außerdem ist es lediglich ein Modell, von meinem Verstand erzeugt. Es kann nie den Anspruch auf absolute Wahrheit haben. Es hilft uns einfach zu verstehen. Ich dachte immer, dass es sich um Stufen handelt, bin jedoch eines Besseren belehrt worden und spreche deswegen im Gegensatz zu vielen spirituellen Lehrern von Ebenen.

Im Februar 2007 machte ich folgende Erfahrung: Ich fuhr für drei Tage in die österreichischen Alpen, um zu meditieren. Im Wesentlichen saß ich die meiste Zeit meditierend auf einem Fell, ernährte mich ansonsten von Fleischbrühe und Tee. (Es gibt natürlich Angenehmeres.) Nach drei Tagen war ich so was von selig, quasi wie high. Ich dachte: Wenn jetzt die Welt untergeht oder Bomben fallen, ist mir das auch vollkommen egal. Auf dem Heimweg auf der Autobahn Salzburg Richtung München geriet ich in einen Verkehrsstau. Alle Spuren mussten sich plötzlich auf eine einzige einrichten. Und zwar zunächst die ganze rechte Spur, nach einem Kilometer die nächste. Normalerweise fahre ich die Spur, die sich verengt, bis zum Ende und fädele mich dann ein. Pustekuchen. Ein Lkw blockierte einfach die rechte Spur, hatte vor sich überhaupt nichts und es staute sich genauso schnell, wie die links neben ihm liegende Spur lief. Ob es am fehlenden Essen oder an irgendetwas anderem lag: In mir pulsierte das Adrenalin. Ich überholte ihn über die Standspur und beschimpfte ihn aufs Feinste. Er schimpfte zurück. Ich sah mich genötigt, schräg vor ihn zu fahren, anzuhalten und auszusteigen. Ich forderte ihn auf, er solle doch aussteigen. Ich ging in Kampfstellung. Zum Glück stieg er nicht aus. Zum Glück setzte ich mich wieder in mein Auto, beruhigte mich und fuhr weiter. Anschließend reflektierte ich: Ich bin ja eben von der seelischen ohne Zwischenstufe auf die emotionale Stufe gefallen. Da war mir klar, dass es keine Stufen sind, sondern Ebenen, die wir schlagartig auch wählen und wechseln können. Ich dachte: »Geil, ich kann von Moment zu Moment wählen, ich muss mich überhaupt nicht von unten nach oben durcharbeiten. Das ist ja noch mehr Macht!«

Und genau das ist es, was wir im Alltag brauchen. Es ist wunderschön, die verschiedenen Ebenen zusammenzubringen. Das ist ein Leben in der Fülle, das ist ein rundes Leben. Es gibt sehr viele spirituelle Menschen, die sich ausschließlich auf ihrer spirituellen Ebene befinden und sich sogar arrogant über Leute äußern, die Spaß haben, Geld verdienen oder sich einfach auch mal eine Currywurst mit Pommes gönnen. Und genau in dem Moment, in dem sie andere bewerten und ihnen beispielsweise sagen: »Du bist mal wieder im Verstand gefangen«, geben sie ihre eigene Göttlichkeit ab. Denn da gibt es nichts zu bewerten. Es macht auch keinen Sinn, ständig zu fragen, was »die da oben« von mir wollen. Wir sind unser Boss und wählen aus. Es macht auch keinen Sinn, vor lauter Spiritualität das profane Arbeiten zu vergessen oder auch den Verstand zu verteufeln.

Wir benötigen ein gewisses Maß an Geld und auch den Verstand, der wunderbare Leistungen vollbringen kann, wichtige Termine planen und uns mit Zinsrechnungen bei der Finanzplanung intelligent helfen kann. Ich liebe meinen Verstand und bin stolz auf ihn. Und so benutze ich ihn bei Bedarf wie ein Werkzeug. Genauso schön ist es, eine ausgiebige Party zu feiern. Es ist also wichtig, alle Ebenen zu nutzen, sie in Einklang zu bringen und bewusst die Ebene zu wählen, die gerade optimal ist. Wieso soll man sich nicht auf der emotionalen Ebene im Jetzt gigantischem Sex hingeben und sich gleichzeitig seiner eigenen Göttlichkeit bewusst sein? Dann ist auch in diesem Bereich die wahre Erfüllung erfahrbar.

Mentaler Exkurs

Bevor wir auf der Basis der Glücksgefühle anfangen zu manifestieren, ist es erforderlich, die grobe Arbeitsweise unseres Unterbewusstseins zu kennen. Am leichtesten lässt sich unser Unterbewusstsein am sogenannten Freud'schen Modell des Eisberges erläutern. Bei einem Eisberg schaut lediglich ein Zehntel aus der Wasseroberfläche heraus. Der größte Teil befindet sich unterhalb und ist damit nicht sichtbar. Analog sagte Freud, dass der obere Teil dem Bewusstsein, der untere Teil dem Unterbewusstsein entspricht. Nun betrachten wir das Unterbewusstsein etwas genauer. Was macht es? Nun, es kümmert sich um all die unbewussten Abläufe. Das Unterbewusstsein ist kein Entscheidungs-, sondern ein Ausführungsorgan. Vereinfacht ausgedrückt kümmert es sich um alle zum Überleben erforderlichen Prozesse. Es steuert die Atmung, den Herzschlag, die Verdauung, den Stoffwechsel, die gesamte Grob- und Feinmotorik. Oder glauben Sie allen Ernstes, dass Sie auch nur zwei Minuten einen einzigen Muskel Ihrer Feinmotorik, zum Beispiel den Augenbrauenmuskel, während eines Gesprächs bewusst steuern können? Diesen Job übernimmt Ihr Unterbewusstsein. Wenn wir solche Dinge also nicht bewusst steuern können, dann sollten wir zumindest unser Unterbewusstsein beauftragen, diese Steuerung in unserem Sinne vorzunehmen.

Nach welchen Kriterien geht unser Unterbewusstsein vor? **Kriterium Nummer eins ist ganz einfach unser Überleben.** Wenn in irgendeiner Situation unser Leben bedroht ist, dann übernimmt das Unterbewusstsein die Regie. Wir werden in einen überlebensfähigen Zustand versetzt. Die klassischen Stressreaktionsmuster sind Kampf, Flucht und Erstarren. Wir bekommen einen Adrenalinstoß, die Verdauung wird eingestellt und so weiter. In extremen Fällen wird sogar der komplette Verstand ausgeschaltet, damit wir nicht mehr denken und analysieren können. Die Synapsen blockieren, und das ist auch gut so, denn in einer bedrohlichen Situation sollen wir nicht denken, sondern handeln. Würden wir die Gefahr zunächst analysieren, dann könnte es bereits um uns geschehen sein.

Heutzutage ist unser Leben selten bedroht. Ich gehe einmal davon aus, dass Ihr Leben aktuell, beim Lesen dieses Buches nicht bedroht ist. Jetzt, also meistens, greift Kriterium Nummer zwei. Was ist dieses Kriterium, nach dem unser Unterbewusstsein arbeitet? **Es führt all das aus, was Sie ihm sagen, und zwar so, wie es das in seiner Sprache verstanden hat.**

Schauen wir einmal, ob wir dieser Sprache auf die Schliche kommen. Kann Ihr Unterbewusstsein Spanisch? Französisch? Deutsch? Nein, doch diesem Irrglauben unterliegen die meisten. Es kann weder Spanisch noch Deutsch. Wenn wir wissen, welche Sprache es wirklich spricht, dann können wir auch mit ihm kommunizieren. **Unser Unterbewusstsein kann lediglich Schwingungsfrequenzen einer Emotion erkennen!**

Wie spricht man denn diese Sprache? Und habe ich nicht selbst gelesen, dass aus einem Wort ein Bild und aus einem Bild ein Gefühl entsteht? Und sind nicht Gefühle oder Emotionen die Sprache des Unterbewusstseins? Grundsätzlich ist das richtig, jedoch gibt es in der Praxis da einige Probleme.

Problem Nummer eins: Nicht aus jedem Wort entsteht ein Bild. So gibt es zum Beispiel zu Negationen überhaupt keine Bilder. Oder können Sie sich ein »Kein« oder ein »Nicht« vorstellen? Sie merken, dazu entstehen keine Bilder. Zumindest für Ihr Unterbewusstsein sollten Sie diese Wörter direkt aus Ihrem Wortschatz streichen. Wenn Sie also zum Beispiel sagen: »Knall die Tür nicht zu!«, dann heißt das für Ihr Unterbewusstsein: »Knall die Tür zu!« Die Ergebnisse eines solchen Satzes kennen Sie. »Pass auf, dass du nicht fällst«, zu sagen, grenzt schon fast an Körperverletzung. Natürlich ist das Ganze nicht einfach zu verstehen, da unser Verstand natürlich Negationen akzeptiert, unser Unterbewusstsein tut das jedoch nicht. Es erfordert also in Wahrheit sehr viel Disziplin im Umgang mit unserer Sprache.

Problem Nummer zwei: Die meisten Trainer sind der Meinung, dass lediglich mit einer Vermeidung von Negationen die Probleme gelöst wären. Doch auch das ist ein Trugschluss. Vielleicht kennen Sie folgende oder ähnliche Situation. Sie fahren zehn Jahre lang »blitzerfrei« und dann werden Sie irgendwo geblitzt. Und im nächsten halben Jahr noch einmal und noch einmal ... Oder Sie fahren zehn Jahre lang unfallfrei. Dann fahren Sie eine Beule ins Auto und im nächsten halben Jahr noch eine und noch einen Kratzer dazu. Nun, wie kommt das? Nach der Theorie des Problems Nummer eins könnten Sie sagen, dass Sie sich eingeredet haben: »Hoffentlich werde ich nicht noch einmal geblitzt!« Für das Unterbewusstsein heißt das als Arbeitsauftrag: »Hoffentlich werde ich noch einmal geblitzt! Tu was dafür!« Es wird alles daransetzen, Ihre Fein- und Grobmotorik, in dem Fall Ihren Gasfuß, so zu steuern, dass sich das Bild in der Außenwelt manifestiert: Ihre nächste Blitzaktion.

Problem Nummer zwei besagt, dass die Worte selbst relativ unerheblich sind, sondern es darauf ankommt, was wir damit verbinden. Ob Sie sagen: »Hoffentlich werde ich nicht wieder geblitzt«, oder: »Scheiß Blitzer«, oder ob Sie den Blitzer einfach sehen und gut. Im Prinzip ist das für Ihr Unterbewusstsein vollkommen egal. In all diesen Fällen entsteht das Bild, wie es aussieht, wenn ein Blitzer blitzt. Allein wenn wir im unbewussten Wahrnehmungsfeld unseres Auges einen Blitzer »sehen«, ist für unser Unterbewusstsein das Thema Blitzer mit all seinen Emotionen als Auftrag aktiviert.

Problem Nummer drei: Wie Sie bereits lesen konnten, sind wir genetische Pessimisten. Wir sind Fluchttiere, wir sind »Weg von«-Menschen. Im Allgemeinen geht es uns recht gut und wir bewegen unseren Hintern erst dann, um etwas zu verändern, wenn eine Situation sehr ungut geworden ist. Immer jedoch, wenn wir aus einer Situation herauswollen, nehmen wir die Schwingungsfrequenz dieser Situation mit, wir nehmen unsere Probleme also auch gleich mit. Deswegen ist es so schwierig, zum Beispiel aus Schulden herauszukommen. Egal, was wir auch unternehmen, in der Regel sind diese Aktivitäten mit dem Gefühl »Schulden« verbunden. Also bekommen wir auch genau diese Schwingungsfrequenz, also noch mehr Schulden.

Wenn ich mir die aktuellen Horrorschilder an den Autobahnen betrachte, die angeblich zur Abschreckung führen sollen (XY fuhr zu schnell in die Kurve, XY unterschätzte die Leistung seines Motorrades), ist klar, welche Schwingungen aufgerufen werden. Besser wären Bilder, auf denen jemand lächelnd und entspannt zu Hause aus seinem Auto aussteigt, mit Texten wie: XY hatte eine entspannte und sichere Fahrt.

Es ist klar, wo die Lösung für die drei Probleme liegt. Wenn unser Unterbewusstsein in negativer Hinsicht so wunderbar funktioniert, dann tut es das auch in positiver Hinsicht. Wir müssen zu »Hin zu«-Menschen werden. Und zum Schluss steuern wir ohnehin alles über unsere positiven Gefühle. Deswegen habe ich Ihnen den Bereich der Lebenszielentwicklung so ausführlich erläutert. Alle Ziele im »Hin zu«-Modus sind in der Regel Dinge oder Lebensumstände, die wir nicht haben müssen. Nein, es sind Dinge, die wir wollen, einfach nur so!

Das Lebensfeld

In diesem Buch geht es um GLÜCKMACHEN. Bisher haben Sie gelesen, wie Sie Ihre Glückshormone durch die unterschiedlichsten Aktivitäten in Schwung bringen können. Es geht jedoch um wesentlich mehr als lediglich eine Hormonsteuerung. Noch einmal: **Glücklich sein heißt, sich glücklich zu fühlen!**

DER GLÜCKMACHER

Im Wort »GLÜCKMACHEN« steckt das Wort »Machen«. Machen, erzeugen, manifestieren, das heißt erschaffen, Einfluss nehmen auf Dinge, die sowohl zeitlich als auch räumlich von Ihnen entfernt sind. Etwas, was außerhalb von Ihnen liegt, zu beeinflussen, Zufälle zu erzeugen. Klingt schon fast wie mystische Zauberei. Wie soll denn eine Information von A nach B kommen? Da müsste es ja ein unsichtbares Feld geben. Und in der Tat, das gibt es. Immer häufiger hören wir von einem sogenannten Feld. Manche benennen es als das vierte Feld neben dem Gravitationsfeld, dem Magnetfeld und dem Quantenfeld. Dieses Feld ist unsichtbar, so auch wie die anderen Felder. Eine Existenz lässt sich lediglich an den entsprechenden Wirkungen ermessen, wie auch bei den anderen drei Feldern, was sicherlich niemand abstreitet.

Bei diesem vierten Feld geht es im Wesentlichen um Informationen, aber auch um die Übertragung von Informationen. Vielleicht kennen Sie Beispiele einer solchen Informationsübertragung. Sie sitzen zu Hause am Küchentisch und denken an Ihren alten Studienfreund, von dem Sie die letzten beiden Jahre überhaupt nichts mehr gehört haben. Sie denken sich: Eigentlich könnte ich ihn nachher mal anrufen. Nach einer Viertelstunde klingelt Ihr Telefon und Ihr alter Studienkollege ruft Sie an. Sie sagen: »Welch ein Zufall, eben habe ich an dich gedacht, ich wollte dich auch anrufen.« Natürlich ist das kein Zufall, sondern eine Übertragung von Informationen, die wir allerdings weder chemisch noch elektrisch oder gar magnetisch messen können. Die einzig wahre Messgröße ist die Wirkung. Das sollte uns auch genügen. Wir könnten auch sagen, dass Sie die Wirkung erfahren haben, wie geistige Substanz übertragen wurde. Sie bewegten sich konkret in diesem vierten Feld, in einem mentalen Feld, in dem alles Wissen gespeichert ist.

Am einfachsten können Sie sich dieses Feld wie das Internet vorstellen. Auch hier sind alle Informationen gespeichert. Auch das Internet verändert sich rasant, indem ständig neue Informationen hineingestellt werden. Ähnlich wie im Internet können auch in diesem Feld beliebige Informationen abgerufen werden. Im Fall des alten Studienkollegen waren Sie zufällig eingeloggt und am richtigen Einwahlknoten.

Stellen Sie sich nun vor, dass Sie nicht nur zufällig mit diesem Netz in Berührung kommen, sondern gezielt in diesem Netz arbeiten können, das heißt, Sie können gezielt wie bei einer Suchmaschine Informationen suchen, eingeben oder sogar Programme laufen lassen. Klingt schon fast unheimlich, wie Zauberei. Dieses Arbeiten in diesem Informations- oder Energiefeld geschieht durch ein gezieltes In-Resonanz-Gehen mit Personen oder Schwingungsfrequenzen von Emotionen. Hier gelangen wir sehr schnell an die Grenzen der Wissenschaft und auch des Verstandes. Doch Übereinstimmungen mit alten Kulturen, Philosophien und Religionen lassen sich nicht leugnen.

Das Schöne ist: Wir müssen dieses Wissen nicht erklären können, es genügt, die Wirkungen und den Umgang mit diesem Feld zu beschreiben. Die heutige Wissenschaft hat natürlich ihre Probleme mit einer solchen Thematik, da sie ja noch immer der Meinung ist, wir könnten alles mit unserem Verstand erklären. »Was nicht erklärbar ist, existiert ganz einfach nicht.« Es wäre ja auch sofort eine Schwächung des Mythos der Wissenschaft. Zu viele Positionen, Eitelkeiten, Forschungsgelder und Gehälter werden den wissenschaftlichen Standpunkt immer verteidigen. Max Planck aber sagte: »Religionen und Naturwissenschaften befinden sich nicht in einem Gegensatz, wie manche meinen oder fürchten, sondern sie führen auf verschiedenen Wegen zum gleichen Ziel, und dieses Ziel ist Gott!«

Viele Wissenschaftler müssen heute anerkennen, dass die Ergründung von Materie noch immer nicht gelungen ist. In Experimenten löst sich das Atom in dem Augenblick auf, in dem die Wissenschaftler geglaubt hatten, es nun endlich gepackt zu haben. Im atomaren

Universum zeigt die Materie witzigerweise keine festen Bestandteile mehr, sondern nur noch Energie. Selbst ein Atom (griechisch, »das Unteilbare«) ist kein Einzelkörper, sondern besteht wiederum aus noch viel kleineren Teilchen. Im Wesentlichen besteht ein Atom aus nichts. Nun fragen Sie doch mal einen Wissenschaftler, wie denn zu erklären sei, dass wir überhaupt feste Körper haben, wo ja selbst Atome im Wesentlichen aus nichts, aus Leere bestehen. Wieso können wir nicht einfach durch die Wände, die uns umgeben, hindurchgehen? Sie bestehen doch ebenfalls aus nichts. Was gibt die feste Form?

Glauben Sie mir, es ließen sich genügend ungeklärte Fragen aufwerfen, die mit modernster Forschung und unserem Verstand nicht erklärbar sind. Ich möchte deswegen an dieser Stelle die Wissenschaft verlassen und von der Erklärung zur Wirkung übergehen. Wenn ich über Wirkungen schreibe, dann schreibe ich in Wahrheit über zusammenhängende Systeme, die miteinander verwoben sind. Jedes ist für sich betrachtet ein System. Körper, Geist und Seele sind ein System, verwoben mit unserem (kleinen) Bewusstsein. Dieses System ist wiederum verstrickt mit dem Familiensystem, Berufssystem, Landessystem und so weiter, bis hin zum Weltensystem.

Die Wissenschaft ist der Ansicht, dass nur lebende Systeme Intelligenz besitzen, also von den Zellen aufwärts. Niedrigere Systeme, also lediglich Moleküle, gelten als unbelebt und tot, so zum Beispiel Wasser, Steine, Kristalle. Der Japaner Masaru Emoto beweist in seinem Buch *Wasserkristalle* das Gegenteil. Er hat ein Verfahren entwickelt, mit dem er unter dem Mikroskop Wasserkristalle fotografieren kann. Nun hat er Wasser ganz einfach unterschiedlich behandelt. Wasser, aus ein und derselben Herkunft, wurde mal positiv mit Worten der Liebe und Sanftmut besprochen, ein anderes Glas mit dem Gegenteil, also Hass und Härte. Die Aufnahmen der Wasserkristalle, die zuvor identisch waren, waren nun höchst unterschiedlich. Die mit negativer Energie aufgeschwungenen Wasserteilchen bildeten hässliche, unschöne Klumpen, das mit Liebe bedachte Wasser bildete wunderschöne Wasserkristalle. Die entsprechenden Bilder sind in Emotos Buch zu bewundern.

Wasser ist nach Auffassung unserer Wissenschaft nicht intelligent. Aber es ist ein ausgezeichneter Informationsträger. Übrigens, wer Pflanzen liebt, wird andere Pflanzen haben als jemand, der sie hasst. Daher rührt auch der Begriff, die Person hat den »grünen Daumen«. Wenn Sie nun bedenken, dass wir Menschen aus etwa 70 Prozent Wasser bestehen und auch noch intelligent sind, dann sind auch wir ein ausgezeichneter Empfänger für Informationen.

Professor Bernd Kröplin vom Institut für Luft- und Raumfahrtkonstruktionen an der Universität in Stuttgart ist ein anerkannter Wissenschaftler im Bereich der Weltraumfahrt. Er ging ebenfalls der Frage nach, ob Wasser Informationen aufnehmen und speichern kann. Das würde bedeuten, dass bei uns am Bodensee das Wasser andere und viel weniger Informationen haben müsste als zum Beispiel der Rhein in Köln, da ja auf dem Weg dahin unentwegt Information aufgebracht würde. Unser Weltmeer wäre nichts anderes als ein unglaublich großer Informationsspeicher. Auch der Regen wäre ein Informationsbringer. Im Raumforschungsinstitut in Stuttgart fand Kröplin einen relativ einfachen Weg, um diese Tatsache wissenschaftlich, also wiederholbar, zu belegen: Mit einer speziellen Kamera wurden unter dem Mikroskop getrocknete Wassertropfen fotografiert. Dabei zeigte sich, dass jeder Tropfen ein eigenes Gesicht, eine eigene Struktur aufweist. Unverwechselbar und einmalig. Erstaunlich bei seinen Versuchen war, dass Veränderungen der Tropfen offensichtlich durch den Menschen verursacht werden konnten, dass der Mensch das Wasser sozusagen mit sich selbst individuell informierte. Im Experiment zeigte sich, dass jeder Mensch verschiedene Bilder von demselben Wasser erzeugt hat. Man gab einer Reihe von Versuchspersonen Wasser aus ein und derselben Herkunft. Man bat diese Teilnehmer mit einer Spritze Wassertropfen auf eine Glasplatte zu setzen. Alle arbeiteten zum gleichen Zeitpunkt. Bei jedem Versuch und Durchgang bildete jeder Teilnehmer die gleiche Struktur des Tropfens. Die Versuchspersonen berührten das Wasser noch nicht einmal, sie berührten lediglich die Spritze – aber »ihr« Wasser zeigte sich höchst unterschiedlich. Durch den Umgang mit dem Wasser, die Konzentration auf das Wasser hat es jeder Teilnehmer individuell beeinflusst. Damit ist einmal mehr bewiesen: Wasser kann Informationen aufnehmen und speichern!

Aber auch jeder andere Stoff empfängt und speichert Informationen. So sind in jedem Haus Informationen gespeichert, genauso wie auf Grundstücken. Ich persönlich möchte beispielsweise nicht gern auf einem ehemaligen Kriegsschauplatz wohnen. In den meisten Fällen ist es jedoch möglich, auch Störinformationen zu finden und sie mit geeigneten Maßnahmen zu entstören. Diese Thematik würde jedoch den Umfang dieses Buches bei Weitem sprengen.

Rupert Sheldrake, ein britischer Autor und Biologe, der den Begriff der morphogenetischen Felder prägte, behauptet, dass alle Systeme, ob organisch oder anorganisch, in einer intelligenten Beziehung zueinander stehen. Wir können uns diese Intelligenz als Erinnerung vorstellen, die überall, ob in Menschen oder Gebäuden, gespeichert ist. Der Einfachheit halber könnten wir auch sagen: »Alles besteht aus Informationen.«

Wenn aber alles aus Informationen besteht, kann auch alles mit allem Informationen austauschen. Ein einfaches Beispiel dafür sind Stimmgabeln. Obwohl jede Stimmgabel ein eigenständiges System ist, tauscht sie doch mit einer anderen Stimmgabel in ihrer Nähe Informationen aus. Beide beeinflussen sich innerhalb des Informationsfeldes. Wenn wir eine Stimmgabel zum Klingen bringen, so wird auch die zweite Stimmgabel, die wir in die Nähe halten, anfangen zu klingen. Da sie gleich sind, gehen sie miteinander in Resonanz. So wie zwei sich liebende Menschen automatisch miteinander in Resonanz gehen und genau spüren, was bei dem anderen so los ist.

Für Rupert Sheldrake ist dieses Feld als morphisch oder morphogenetisch, von *morphe,* »Gestalt« und *genesis,* »Erzeugung; Entstehung«. Nach ihm entwickelt sich alles unter den Gesetzen dieses Feldes. Dieses Feld ist holistisch, das heißt, alle Informationen sind in jedem kleinsten Teil vorhanden. Wenn wir uns die Anordnung eines Fischschwarms betrachten, dann mag das genauso stimmen wie bei dem Blatt einer Pflanze.

Ein morphisches Feld bezieht sich also immer konkret auf ein Feld, zum Beispiel das eines Menschen oder eines Fischschwarmes. Beide haben jedoch nichts miteinander zu tun. Bei dem Menschen ist das klar. Er ist ein einziges holistisches Gebilde, seine DNA enthält die Informationen von allem anderen. So ist es zumindest theoretisch möglich, mithilfe von Zellen aus dem Rückenmark einen Herzmuskel wieder aufzubauen oder auch jedes beliebige andere Organ. Heilungen, die medizinisch nicht erklärbar sind, sogenannte Wunderheilungen, lassen sich manchmal über eine erstaunliche Veränderung der DNA erklären. Bei manchen Menschen geschieht das durch intensive Erlebnisse, manche schaffen es durch intensive Meditation über elektrische Blitze im synaptischen Spalt, die eigene DNA zu verändern. Wenn wir das alle könnten, dann könnten wir uns wunderbar selbst heilen und müssten nicht altern. Da es offensichtlich einigen Menschen gelingt, lässt uns das hoffen.

Wenn aber alle Dinge in einem einzigen riesigen System miteinander vernetzt sind, dann müssen sie etwas miteinander zu tun haben. Deswegen rede ich lieber von morphischer Resonanz. Morphische Resonanz bedeutet ein Gleichschwingen ähnlicher Formen, sodass verschiedene Systeme unabhängig von Raum und Zeit miteinander interagieren können. Wie anders sind Experimente zu erklären, bei denen Ratten über Generationen immer schneller den Ausweg aus einem Labyrinth gefunden haben, woraufhin es Ratten auf der anderen Seite des Kontinentes sofort, also ohne Generationentraining, ebenso schafften? Die Informationen waren nach dem Training an einer Stelle für alle Ratten weltweit vorhanden.

Wie häufig werden Erfindungen fast zeitgleich an unterschiedlichen Orten der Erde gemacht? Wieso schaffen deutsche Studenten (der chinesischen Sprache und Schriftweise nicht mächtig) mit einer hohen Trefferwahrscheinlichkeit die Anordnung der Zeichen zu einem chinesischen Volkslied? Solche Untersuchungsergebnisse sind nur mit einem intelligenten Wissensspeicher zu erklären, der uns allen zur Verfügung steht und von uns allen gefüttert wird.

In diesem Buch geht es ganz konkret um die Frage, was uns diese Erkenntnisse nützen. Es geht darum, wie wir mit diesen Erkenntnissen unser Glück machen können. Das heißt auch, dass nicht nur in uns etwas zum eigenen Glück verändert werden soll, sondern auch Raum und Zeit übergreifend, also auch auf Distanz etwas geschehen soll. Bis jetzt wissen wir, dass wir auf jeden Fall mit dem, was wir wollen, in Resonanz gehen sollten. Zumindest mit unserem Glücksgefühl. Aber wir wollen noch mehr.

Die Informationen im Lebensfeld

Sie haben gelesen, dass wir das Feld ein wenig mit dem Internet vergleichen können. Dieser Vergleich ist sehr passend, da in unserem Feld nicht nur Informationen gesucht und eingestellt werden können, nein, es können sogar komplexe Programme gefahren werden.

Sehr ähnlich ist letztlich die Homöopathie. Auch hier wird lediglich die Information eines Wirkstoffs, beispielsweise einer Bachblüte, weitergegeben – und es führt zu Heilreaktionen. Nimmt man einen Tropfen der ursprünglichen Essenz und verdünnt diesen mit zehn Teilen Alkohol-Wasser-Gemisch und verschüttelt ihn, so erhält man eine Lösung mit der Bezeichnung D1. Nimmt man von dieser Mischung D1 wiederum einen Tropfen und verdünnt diesen mit zehn Teilen Alkohol-Wasser-Gemisch und verschüttelt auch dieses, so erhält man D2. Bei D23 ist das Molekül der Bachblüte oder des anderen Grundstoffs nicht mehr nachweisbar, es entspricht ungefähr einem Tropfen davon im Bodensee. Es gibt aber auch D100, D1000 oder, wie beispielsweise in Indien angewandt, sogar D1 000 000. Witzigerweise wirkt das höher potenzierte homöopathische Medikament sogar noch viel stärker. Es wird also eine reine Information übertragen, die die entsprechende Wirkung verursacht. Professor Kröplin hat mit seinen Untersuchungen des Wassers nicht zuletzt auch bewiesen, dass die Homöopathie funktioniert, auch wenn die Heilwirkungen dieser medizinischen Richtung schon sehr viel länger recht gegeben haben.

Menschen, die Informationen aus dem Feld herausholen können, gab es schon immer, seien es die Schamanen, seien es Heiler, deren Arbeitsweise rational nicht erklärbar ist, oder seien es die typischen Kräuterhexen. Leider ist aus diesem Schatz das meiste Wissen verloren gegangen, im Falle der »Hexen« wurden im Mittelalter bekanntlich die Trägerinnen dieser Weisheit und viele Aufzeichnungen bewusst verbrannt. Aber diese Informationen befinden sich im Feld und sind für Geübte auch heute noch jederzeit abrufbar. Heutzutage werden Informationen über Gebäude und Grundstücke mithilfe sogenannter Radioästheten aufgespürt.

Die Umgebung speichert alles. Viele kennen das, sie betreten ein Gebäude oder einen Raum und fühlen sich augenblicklich nicht mehr wohl, sie fühlen sich müde und gereizt. In vielen Büro- oder Fabrikgebäuden, in denen dramatische Konkursentwicklungen stattgefunden haben, werden weitere Pleiten erfolgen. Warum? Weil die Konkursinformation im gesamten Gebäude gespeichert ist. Wenn Unternehmer neben CI (Corporate Identity) oder auch CD (Corporate Design) auf solche Dinge verstärkt achten würden, könnte vieles leichter gehen.

Genauso kann es gewaltige systemische Störungen in Teams geben, die sich mit herkömmlichen Managementmethoden nicht beseitigen lassen. Wer kennt das nicht, dass er mit Menschen zusammenkommt, die lieb und sympathisch sind – doch nach einer Stunde Gespräch ist man fix und fertig und völlig leer. Energie fließt nun einmal vom höheren zum niedrigeren Niveau. Wenn ich zu Beratungen in Unternehmen gehe, dann gehe ich heute systemisch vor. Ich helfe dem Unternehmen, die richtigen Informationen an die Mitarbeiter zu geben. Der Unternehmergeist, der in den Gründerjahren ganz einfach da war, ist durch Größe, Organisation und Fusionen heutzutage in den meisten Unternehmen verloren gegangen. Dort liegen gewaltige Ressourcen brach.

Das Stichwort heute lautet CS (Corporate Spirit). Häufig wird versucht, diesem fehlenden Geist in einem Unternehmen durch teure Incentivs entgegenzuwirken. Meistens handelt es sich dabei um reines Übertünchen. Wenn Teams, die heutzutage oftmals durch Umstrukturierungen und Fusionen zusammengeführt werden, nicht funktionieren, dann nützt in der Regel ein geordneter Kommunikationsablauf genauso wenig wie Incentivs. Hier gilt es, systemische Störungen im Team zu beseitigen und einen Teamgeist (wieder)herzustellen.

Raum, Zeit und Glück

Wer an ein Wissensfeld oder ein Lebensfeld glaubt, hat mit dieser Thematik natürlich keine Probleme. Er weiß, dass alles mit allem verbunden ist und er alles in dieses Feld hineinspeisen kann. Mit dem Wissen, dass alles lediglich eine Information darstellt, kann er als Teil des großen Ganzen voller Vertrauen sein. Er wird nichts tun, was dem großen Ganzen schädlich ist. Er lebt naturgemäß und erfüllt die Forderung der Natur, möglichst vielen Menschen zum Wachstum zu verhelfen. Geht das nicht, dann wirkt er eben für ein paar wenige.

DAS MANIFESTIEREN – IHR WEG ZUM GLÜCK

Geht auch das nicht, kümmert er sich um sich selbst. Er trägt seinen Teil zum großen Ganzen bei und wird dementsprechend auch von ihm getragen. Durch seine Erfahrungen wirkt er an der Evolution des Universums mit.

Aber wir können uns auch physikalisch der Thematik nähern. Am einfachsten geht das, wenn wir uns an das Bohr'sche Atommodell erinnern: Um einen Atomkern kreisen Elektronen auf der sogenannten Elektronenschale. Stellen Sie sich vor, es kommt ein Teilchen angeflogen, ein Teilchen voller Energie, und trifft auf ein solches Elektron. Bei diesem Aufprall bekommt das Elektron die gesamte »Aufschlagenergie« ab. Es hat jetzt quasi mehr Energie oder auch Masse. Damit das gesamte System stabil bleibt, entfernt sich das Elektron weiter vom Kern, es geht auf ein kernferneres Niveau, ähnlich wie bei einem Kettenkarussell: Mit einer höheren Drehenergie schwingen wir weiter nach außen. Nun aber emittiert es dieses Teilchen wieder, was bedeutet, dass das Elektron nun erneut weniger Energie hat. Es fällt auf sein ursprüngliches Niveau zurück – lässt der Antrieb nach, schwingen wir beim Kettenkarussell wieder nach innen. Deswegen, sehr vereinfacht dargestellt, kann man auch sagen, dass Atome schwingen.

Ist Materie nun Schwingung oder Welle? Unsere Quantenphysiker sind an der Grenze der aktuellen Erkenntnis angelangt und wissen, dass zumindest theoretisch allgemein akzeptiertes und anerkanntes Wissen längst überholt ist. Wenn wir uns fragen, was das denn für ein Teilchen ist, das da auf das Elektron trifft, dann können wir sagen, dass es sich um ein Lichtteilchen, ein Photon handelt.

Es geht also um Licht. Als ginge es darum nicht schon immer, man spricht davon: »Sei das Licht«, man redet von Lichtgestalten, man liest bereits in der Bibel: »Stell dein Licht nicht unter den Scheffel.« Aber wir erreichen die Grenzen der Physik mit der Frage: Wie kommt den nun konkret eine Information von A nach B? In Experimenten wurde festgestellt, dass ein Photon hier ist und zeitgleich woanders. Wenn ein Photon geteilt wird, beide Teile getrennt werden und ein Teil durch einen Impuls seinen Spin, seine Drehung ändert, ändert zeitgleich auch das andere seinen Spin, zum Beispiel von Links- auf Rechtsdrehung.

Wenn schon Seneca meinte, dass wir in jedem Augenblick, in dem wir im Jetzt sind, einen Teil der Ewigkeit berühren, dann ist das Jetzt logischerweise ewig. Ewigkeit lässt sich lediglich an einem Kreis darstellen, der keinen Anfang und kein Ende hat. In einem ewigen Kreis ist alles schon einmal da gewesen. Dann sollte es theoretisch sogar möglich sein, sich an die Zukunft genauso wie an die Vergangenheit zu erinnern. Dass unser Verstand dabei ein wenig austickt, scheint logisch zu sein.

Eine komplizierte Berechnung, die sogenannte Lorenztransformation, zeigt auf, dass wir im sogenannten Raum-Zeit-Modell (Raum und Zeit sind nun einmal nicht zu trennen) im Augenblick der Gegenwart die größte Energiedichte besitzen. Nun gibt es aber auch einen Zukunfts- und einen Vergangenheitskegel mit natürlich abnehmender Energie. Wenn Sie das nötige Urvertrauen besitzen, haben Sie mental keine Probleme damit, im Zukunftskegel ganz einfach die Glückserfahrung zu wählen, die Sie erfahren wollen.

Die Quantenmechanik spricht bewusst über das Feld als ein Feld voller Möglichkeiten. Ein Elektron wurde an bis zu 3000 verschiedenen Stellen gefunden. In diesem Feld der unglaublichen Möglichkeiten können wir auswählen. Die kleinsten Teilchen sind, so weit ist die Quantenmechanik heute, entweder Information, Welle oder Teilchen. In Experimenten zeigte sich, dass man keine Messung machen kann, ohne den Beobachter der Messung mit zu berücksichtigen. Der Beobachter nimmt mit seinem Bewusstsein Einfluss auf das Messergebnis. Allein durch die Beobachtung kollabiert eine Welle zu einem lokalisierbaren Materieteilchen.

Wenn das mal keine Schöpfung ist! Wir können also theoretisch alles, was wir wollen, beobachten, es uns widerstandslos intensiv vorstellen, und wir lassen Schwingung zu Materie werden. Kein Scherz! Das machen wir ohnehin ständig, jedoch meistens nicht bewusst und in vielen Fällen sogar unbewusst zu unserem Schaden. Wichtig ist: Wir haben die Wahl!

Machen Sie nicht den Fehler, zu erwarten, dass nur die Lösung, die Sie sich mit Ihrem Verstand vorstellen können (ich erinnere: Tischtennisball auf einem Fußballfeld), die richtige sein muss. Aber Sie werden auf jeden Fall, wenn auch über vielleicht ganz andere Wege, als Sie denken, Ihr gewünschtes Ergebnis erreichen. Mit diesem Urvertrauen lässt sich auch der Widerspruch des klassischen Erfolgstrainings mit Zielimagination und entsprechender Erwartungshaltung lösen. Erwartungen machen unglücklich. Wählen und Vertrauen gibt Ruhe, Zufriedenheit und Erfolg.

Sie können also einfach die Glückserfahrung auswählen, die Sie erleben möchten. Da Raum und Zeit nicht voneinander zu trennen sind, können Sie also heute schon glücklich sein. Im ewigen Kreislauf ist definitiv alles schon einmal da gewesen. Wichtig ist nur: Sie müssen es wollen und eine Absicht an den Tag legen, eine Intention.

Die Wirkung einer Intention

Nachdem wir nun wissen, dass Glück machbar ist und dass alles mit allem verbunden ist, können wir loslegen. Dazu bedarf es einer klaren Entscheidung. Es bedarf Eigenverantwortung und einer festen Absicht. Eine Intention ist eine willentliche Entscheidung. Wenn Sie Ihren Arm heben und ihn willentlich von links nach rechts bewegen, dann hatten Sie eine klare Intention.

Was passiert bei einer klaren, starken Intention? Eine klare Intention ergibt automatisch mehrere Effekte:

Es verändert uns selbst. Es ändert die Art, wie wir wahrnehmen. Es nimmt Einfluss auf unsere Wahrnehmungsfilter. Wir erkennen die Chancen, sehen, was wir sehen wollen, blenden anderes aus, produzieren Eustress, also positiven Stress und eine ganze Reihe von Hormonen. Wir sind nicht mehr dieselben.

Es liegt bei Ihnen, ob Sie bei irgendwelchen Erlebnissen auf die Gefühlsreaktion warten oder ganz willentlich Ihre Absicht auf das Glücklichsein legen! **Mit einer klaren Intention übernehmen Sie die Regie und verlassen die Opferrolle.**

Eine Intention beeinflusst die Interaktion in unserer Kommunikation. Da, wie wir bereits wissen, unsere gesamte Fein- und Grobmotorik von unserem Unterbewusstsein gesteuert wird, muss klar sein, dass sie so gesteuert werden muss, dass das Ziel unserer Intention erreicht wird. Wie Sie lesen konnten, können Sie in einem Gespräch keine zwei Minuten lang bewusst auch nur ein einziges Detail Ihrer Mimik mit Ihren Muskeln steuern, weder das Spiel Ihrer Augenbrauen, die Lautstärke oder Schwingung Ihrer Stimme noch, ob Sie den Kopf ein wenig schräg legen und so weiter. Das geschieht automatisch und zwar entsprechend Ihrer bewussten oder unbewussten Absicht.

Eine Intention beeinflusst die Interaktion mit anderen Menschen und Dingen transpersonal, Raum und Zeit übergreifend. Diese Interaktion geschieht über das zuvor beschriebene Feld. Für die Quantenmechaniker unter Ihnen: Es beeinflusst das quantenmechanische Stringfeld, von dem wir alle ein Teil sind. Und zwar über die sogenannte quantenmechanische Verschränkung. Das passiert, wenn wir mit etwas in Resonanz gehen.

Manifestieren und Erschaffen

Nun haben wir also alle Informationen zusammen, die wir für GLÜCKMACHEN benötigen. Bevor es richtig losgeht, möchte ich noch mit einigen Illusionen aufräumen. Illusionen, die durch den wahnsinnigen Hype im Bereich des Manifestierens ausgelöst worden sind. Angefangen von *Bestellungen beim Universum* von Bärbel Mohr, *Ein neuer Anfang* von Esther und Jerry Hicks bis hin zu dem Megaseller *The Secret* von Rhonda Byrne. Manifestieren heißt unter anderem, etwas in Erscheinung bringen, etwas zu erschaffen. Im weitesten Sinne steht es dafür, sich etwas zu wünschen, sich etwas vorzustellen, es wäre es bereits da und es damit zu erschaffen, am besten gleich die Million oder den Mega-Ferrari.

Sicherlich legt uns die moderne Quantenmechanik nahe, dass durch bewusstes Beobachten aus Schwingungen lokalisierbare Materieteilchen entstehen. Es bleibt jedoch die Frage, ob wir genügend Konzentration und Gedankenenergie aufbringen können, um das Blech eines Autos aus Wellen entstehen zu lassen. Auch diesbezüglich wird heute geforscht. Theoretisch geht das, in der Praxis muss jedoch eine Menge an Energie, am besten durch mehrere Personen, zusammenkommen. So könnte man auch das Neue Testament auslegen: »Wenn zwei oder drei in meinem Namen ...«

Jedoch müssen wir bedenken, was wir wirklich wollen und was wir wirklich manifestieren können. Niemand will einen Ferrari, das, was derjenige wirklich will, ist das Gefühl, wie es ist, in einem Ferrari zu fahren. Dieses Gefühl kann er manifestieren, jedoch nicht das Stück Blech. Wenn er in der Schwingungsfrequenz dieser Emotion bleibt, dann wird er im Laufe der Zeit genügend Gedankenenergie zusammenhaben. Das erfordert Disziplin und wird ihm gelingen, wenn er es absolut will und nicht den Hauch eines Zweifels daran lässt. Über die quantenmechanische Verschränkung erhält er sozusagen als Abfallprodukt, den Ferrari. Niemand will eine Million Euro. Was nützen denn schon die bedruckten Papierfetzen oder eine simple Zahl auf einem Kontoauszug? Was viele wollen, ist das Gefühl, wie es sich anfühlt, eine Million Euro zu besitzen.

An dieser Stelle möchte ich mich auch klar von den übrigen Werken im Bereich des Manifestierens distanzieren. Dieses Buch heißt DER GLÜCKMACHER! Es geht um unsere Glücksgefühle und nicht direkt um die materiellen Dinge. Es geht lediglich um Gefühle. Und diese Gefühle können wir machen und manifestieren. Als Nebeneffekt bekommen wir in der Realität die praktischen Dinge geliefert. Vorausgesetzt, wir wollen es wirklich und bleiben konsequent bei der Sache, also bei unserem mit irgendwelchen Dingen verbundenen Gefühl.

Welche Gefühle wollen wir denn? Nun, am Anfang dieses Buches habe ich Ihnen mitgeteilt, dass wir Entscheidungen lediglich nach einem einzigen, simplen Kriterium treffen: »Ich will mich wohler fühlen!« Wir wollen nicht den Ferrari, die Million, den Traumpartner. Wir wollen ein Leben in Glückseligkeit und Freude. Wir wollen ganz einfach glücklich sein, und das ist machbar. Nochmals: **Erfolgreich ist ein Mensch, der in der Lage ist, ein glückliches Leben zu führen!**

Was wir nicht manifestieren können

Weiterhin müssen wir beim Manifestieren wissen, dass wir nicht gegen folgende vier Gesetzmäßigkeiten angehen können:

1. Wir können nicht gegen physikalische Gesetze manifestieren. Ich würde niemandem empfehlen, auf das Dach eines Hauses zu klettern, sich zu manifestieren, dass er fliegen kann, und dann loszuspringen. Das Gesetz der Gravitation wird siegen. Ich habe nach dem »Secret«-Hype sehr viele Umfragen gemacht, wer denn den Film gesehen hat und wer denn Lotto spielt. Ich kann Ihnen sagen, es waren in beiden Fällen eine Unmenge. Viele glauben, sich Reichtum zu manifestieren und den dann von der Lotto-Gesellschaft zu bekommen. Was für ein Wahnsinn! Auch mathematische Gesetzmäßigkeiten gehören zu den physikalischen Gesetzen. Und an der statistischen Wahrscheinlichkeit von 1 zu 140 000 000 kommen Sie auch beim Lottospielen nicht vorbei. Also lassen Sie es am besten. Hinzu kommt natürlich noch, dass wir mit unserer Tischtennisball-Wahrnehmung ohnehin nicht wissen können, wie sich unser Wunsch erfüllt. Was glauben Sie, was ich mir in meinem Leben schon Schlaues ausgedacht habe! Ich habe Seminare entwickelt, Konzepte gemacht, Adressen gekauft, Marketingaktionen durchgeführt. Wenn ich ehrlich bin, dann muss ich zugeben, dass das Wenigste davon etwas geworden ist. Auf der anderen Seite betrachte ich mich als erfolgreich. Doch die allermeisten Erfolge kamen einfach anders als geplant. Scheinbare Zufälle fügten sich. Heute weiß ich um die Beschränktheit des Verstandes und lache über mich. Deswegen lege ich den Weg zum Erfolg und zum Glücksgefühl auch nicht mehr fest. Würde ich das tun, dann könnte dieser Weg theoretisch die Lösung sein (sehr unwahrscheinlich), ich würde jedoch gleichzeitig alle anderen Möglichkeiten ausschalten.

2. Wir können nicht gegen Verstandesgrenzen manifestieren.
Wir müssen es einfach für möglich halten. Wir müssen das, was wir manifestieren wollen, auch glauben können. Wie sagte doch Henry Ford so treffend: »Ob du glaubst, du schaffst es, oder du glaubst, du schaffst es nicht. Du hast immer recht!« Jahrzehntelang glaubte niemand, dass es möglich wäre, hundert Meter unter zehn Sekunden zu laufen. Von Anbeginn der Aufzeichnungen im Jahr 1867 mussten über hundert Jahre vergehen. Am 20. Juni 1968 schaffte es dann endlich Jim Hines. Im selben Jahr schafften es dann noch drei weitere Läufer, weil sie es erst jetzt glauben konnten, dass es möglich sei.

Hier spielen natürlich die individuellem Glaubensätze jedes Einzelnen eine große Rolle. Was hat man Ihnen in der Kindheit glauben gemacht? Geld ist schlecht, Geld stinkt, Geld verdirbt den Charakter, Geld macht unglücklich, nur im Schweiße deines Angesichtes kannst du es zu etwas bringen? Wer solche Sätze gelernt hat und diese auch glaubt, wird sich sein Leben lang schwertun, zu Geld zu kommen. Wem man eingeredet hat, dass er schlecht lernt, der glaubt, dass er schlecht lernt, und lernt demzufolge auch schlecht. Gott sieht alles und bestraft dich, wenn du lügst, man tut das nicht und so weiter. Bei fast jedem finden wir Glaubensätze, die wir als Kinder ungeprüft übernommen haben. Der Mensch bekommt nicht das, was er will, sondern das, was er glaubt. Wer sich nur von Müsli und Rohkost ernährt, weil er glaubt, dass er mit einer anderen Ernährung krank wird und früher stirbt, der wird genau das ernten, weil er in der Realität seinen Glaubenssatz kaum leben kann. Wer der Meinung ist, er benötige andere, um glücklich zu sein, der wird sich mit seinem Glück schwertun und gleichzeitig andere zu einer Funktion degradieren: »Mach mich glücklich!«

3. Wir können nicht gegen (zumeist unbewusst) gespeicherte Verhaltensmuster und Widerstande manifestieren. Dieses Problem ist eines der größten beim Manifestieren. Das Problem liegt ganz einfach darin, dass wir die Widerstande und Verhaltensmuster meistens nicht mitbekommen, weil wir nicht bewusst sind. Da ist zum einen die emotionale Annahme: Kann ich das, was ich mir wünsche, das Gefühl der Glückseligkeit, in einer Sache überhaupt emotional annehmen? Immer wieder erlebe ich in meinen Seminaren und Coachings, dass sich viele Teilnehmer so richtig große Ziele vornehmen (wieso auch nicht?), aber diese emotional überhaupt nicht annehmen können. Da habe ich einen Coachingteilnehmer, der sich gerne 500 000 Euro manifestieren möchte, und genau das Gegenteil passiert bei ihm. Aktuell hat er rund 150 000 Euro Schulden. Er kann sich zwar eine Summe von 500 000 Euro vorstellen, aber diese emotional nicht annehmen. Wohl fühlte er sich gerade mal bei 15 000 Euro. Also sagte ich ihm, dass er genau damit beginnen soll. Wir können uns nicht selbst verarschen. Wir können uns nichts einreden, wenn unser Unterbewusstsein sagt, dass wir spinnen. Deswegen ist es bei jedem Wunsch wichtig, seinen Bauch zu fragen. Wenn Sie bei Ihrem Wunsch ein gutes Gefühl haben, dann können Sie es emotional annehmen. Wenn Ihr Bauch anfängt, bei dem Wunschthema zu rumoren, dann können Sie es emotional ganz einfach nicht annehmen. Dann reduzieren Sie die Zahl, strecken die Zeitspanne oder nehmen auf eine andere Art und Weise das Ziel etwas zurück.

Überprüfen Sie Ihre Widerstände! Widerstände gegenüber dem Wunsch hegen? Im Leben nicht! Ich will es doch so stark und dringend! Wirklich? Vielleicht können Sie sich noch an die WAKS-Methode am Anfang dieses Buches erinnern. Ich schrieb, dass wir diese Methode auch beim erfolgreichen Manifestieren benötigen. Holen Sie sich doch jetzt mal einen beliebigen Wunsch vor Ihr geistiges Auge. Nun fragen Sie sich, ob unter diesem Wunsch der Wunsch nach Anerkennung, Kontrolle oder Sicherheit liegt. Angenommen, unter Ihrem Wunsch liegt der Wunsch nach Sicherheit. Dann haben Sie diesen Wunsch nach Sicherheit, weil Sie glauben, Sie hätten zurzeit keine Sicherheit. Was glauben Sie, was Sie dann ernten? Alle möglichen Dinge, die Ihnen bestätigen, dass Sie keine Sicherheit haben. Der Schuss geht voll nach hinten los. Genauso verhält es sich mit den anderen Wünschen nach Anerkennung oder Kontrolle. Sie haben diese Wünsche nur, weil Sie glauben, Sie hätten zurzeit zu wenig Anerkennung oder Kontrolle. Genau das werden Sie ernten. Ojemine! Vielleicht stellen Sie fest, dass unter all Ihren Wünschen der Wunsch nach Anerkennung, Kontrolle oder Sicherheit liegt. Bei den meisten Wünschen ist das der Fall, weil ja jede Medaille zwei Seiten hat. Und jetzt? Jedes Mal, wenn einer dieser unterschwelligen Wünsche auftaucht, dann wollen Sie »weg von …«. Sie sollten aber zu einem »hin zu …« kommen.

Wissen Sie, wie man ein großes Schiff festmacht? Man wirft zunächst eine dünne Wurfleine vom Schiff auf den Kai. An dieser Wurfleine werden dann das dickere Seil und gegebenenfalls danach das noch dickere Seil gezogen, mit dem dann das Schiff festgemacht wird. Nun, dieses Schiff ist Ihr Lebensschiff. Wenn Sie also Wünsche nach Anerkennung, Kontrolle oder Sicherheit bezüglich Ihres Wunsches haben, dann ist das so, als würden Sie eine Wurfleine in die eine Richtung und ein dickes Tau mit dem gegenteiligen Wunsch in die andere Richtung werfen. Sie erhalten genau das Gegenteil von dem, was Sie sich wünschen.

Wenn Sie also merken, dass unterschwellige Wünsche nach Anerkennung, Kontrolle oder Sicherheit vorhanden sind, dann heißt das noch lange nicht, dass Sie auf Ihren Wunsch verzichten müssen. Aber Sie müssen die unterschwelligen Wünsche loslassen. Es kommt darauf an, wonach Sie sich mehr ausrichten. Sie können 100 000 Euro haben wollen, weil Sie sich einfach geil und super damit fühlen, frei und leicht. Oder Sie können 100 000 Euro haben wollen, damit Sie mehr Sicherheit und weniger Schulden haben. Also ist es wichtig, dass Sie, wenn Sie schon 100 000 Euro haben wollen, auf alle Wünsche nach Sicherheit verzichten, sie endlich loslassen. In dem Moment drücken Sie quasi auf Senden, dann schicken Sie Ihre Mail in die richtige Richtung ab. Das heißt, sich zu entscheiden, sich nur noch auf die Freude und das Glücksgefühl auszurichten. Das ist dann so, als hätten Sie das Tau, das Ihr Lebensschiff nach hinten zieht, gekappt. Sie können Ihre 100 000-Euro-Wurfleine locker nach vorn werfen. Sie können sich grämen, weil Sie aktuell nicht glücklich sind, und endlich da rauswollen, oder Sie können sich nach den Anleitungen in diesem Buch ganz einfach selbst glücklich machen und in diesem Gefühl schwelgen und noch viel mehr Glücksgefühle in Ihrem Leben erschaffen.

4. Wir können nicht manifestieren was wir wollen, sondern nur das, was bereits in uns ist: Aha, das kennen wir doch: Wir müssen bereits da sein, bevor wir angekommen sind. Wir müssen es bereits haben, um es zu besitzen. Wozu aber wünschen wir es uns dann überhaupt noch? Und wie bekommen wir es in uns? Wo wir doch überhaupt nicht wissen, wie es ist, wenn wir es noch nicht haben. Theoretisch könnten wir es so machen wie Jesus Christus. Als Jesus 40 Tage in der Wüste war und der Teufel ihn versuchte, hat er letztendlich alles in sich gebracht. Der Teufel zeigte ihm alle Königreiche und alle Schätze der Erde. Als Jesus die Versuchung überstanden hatte, hatte er auch sein Ego überwunden. Danach konnte er die bekannten Wunder tun. Er wusste, er konnte alles anschauen und sagen, das bin ich, das ist mein. Er hatte alles in sich. Nun, so weit müssen wir es in diesem Buch nicht unbedingt treiben. Aber die Aufgabe steht selbst bei profanen Dingen wie Geld, Auto oder Haus an. Wie bringe ich es in mich?

Ein Auto können wir Probe fahren und ein Haus können wir besichtigen. Etwas schwieriger wird es mit dem Geld. Einen Kontoauszug in sein Inneres zu bringen, ist schon etwas schwieriger. Aber einen Augenblick mal! Es geht doch überhaupt nicht um den Kontoauszug, es geht um das Glücksgefühl, das mit dem Eintreffen des Kontoauszuges verbunden ist. Es geht darum, dieses geile Gefühl zu manifestieren. Wenn Sie dann, quasi als Abfallprodukt, real solch einen Kontoauszug erhalten, müssen Sie sich darüber sicher nicht ärgern. Aber nochmals, es geht nie um das Geld oder das Auto, sondern um das entsprechende Glücksgefühl. Also um GLÜCKMACHEN.

Hinderliche Glaubenssätze

Darf ich es haben? Wer sollte es mir verbieten? Höchsten doch ich selbst! Aber wir verbieten uns selbst mehr, als wir meinen. Natürlich nicht bewusst, sondern höchst unbewusst. Also stellt sich auch hier wieder die Frage, was Sie glauben. Glauben Sie unterschwellig:

- **Ich verdiene es nicht.** Wer glaubt, er verdiene etwas nicht, der wird es niemals erhalten. Er wird niemals das Glücksgefühl erleben, um das es hier in diesem Buch ja letzten Endes geht. Die Frage, ob Sie etwas Gutes verdienen oder nicht, können nur Sie selbst beantworten. Sind Sie es sich wert? Den Wert eines Menschen, den Selbstwert, kann sich nur jeder selbst geben. Wie Sie bereits gelesen haben, hängt Ihr Selbstwert mit Ihrer Eigenliebe zusammen. Wenn Sie sich genügend lieben, dann sind Sie es sich auch wert.
- **Ich brauche es unbedingt!** Wenn Sie glauben, Sie brauchen unbedingt dies oder jenes, dann glauben Sie sehr stark daran, dass Sie es nicht haben, und fühlen sich entsprechend. Wenn Sie also glauben, etwas unbedingt haben zu müssen, dann können Sie es nicht bekommen, sondern verstärken lediglich negative Gefühle. Wer glaubt, haben zu müssen, der glaubt auch, dass er jetzt nicht hat. Deswegen bekommt er nichts. Er sollte das loszulassen lernen.
- **Ich habe Angst zu bekommen.** Wenn Sie Angst haben, etwas zu bekommen, dann halten Sie etwas fest, nämlich das Leid. Nun könnten Sie sich fragen: »Ich will es doch, wieso sollte ich Angst haben, es zu bekommen?« Ganz einfach, weil Sie eine Veränderung wollen. Veränderungen machen uns in der Regel Angst, weil sie nur im Jetzt geschehen können. Der Verstand jedoch kann das Jetzt nicht kontrollieren. Wir haben keine Kontrolle, also haben wir Angst. Was uns bleibt, ist die Eigenverantwortung und ein gehöriges Maß an Selbstliebe. Wenn Sie Angst davor haben, was bei Ihrer Veränderung des Lebens alles passieren könnte, dann müssen Sie die Liebe zu sich vergrößern. Ich erinnere noch einmal: Das Gegenteil von Angst ist Liebe!
- **Ich kann das nicht haben.** Dieser Glaubenssatz stammt oftmals aus der Kindheit, wo wir alles Mögliche haben wollten und man uns sagte, dass wir das nicht haben könnten – wir seien nicht alt genug, nicht schlau genug, nicht stark genug, nicht schön genug und so weiter. Heute sagt man uns dann, wir seien zu alt dafür. Aber: Es gibt nichts und niemanden, der uns sagen kann, wir könnten etwas nicht haben, es sei denn wir selbst. Ich empfehle

Ihnen, wenn Sie solch einen Gedanken bei sich verspüren, dass Sie am besten einmal laut über sich lachen. Sie können alles haben, was Sie sich vorstellen können. Lassen Sie sich von niemandem eine solche Ohnmacht einreden!

Manifestieren – der Prozess

So, endlich ist es so weit. Nun kommt die Bedienungsanleitung für den Prozess des Manifestierens. Auf die Probleme habe ich Sie eingehend hingewiesen, auf die Umstände, die dem Manifestieren entgegenstehen. Theoretisch können wir alles manifestieren, wenn wir uns die entsprechenden Widerstände betrachten und sie entsprechend beseitigen.

Beginnen wir also mit den nötigen Schritten. Wenn Sie sich nach dieser Bedienungsanleitung richten, wird sich Ihr Leben radikal verändern. Sie werden sich Ihrer Macht bewusst. Sie werden merken, dass Sie Schöpfer sind. Und diese Bedienungsanleitung werden Sie nicht nur bei Ihren großen Zielen nutzen, sondern Sie werden sich unzählige Male im Alltag alle Gefühle erschaffen, die Sie erfahren wollen. Sie werden nicht mehr Opfer dessen sein, was Ihnen widerfährt, sondern Sie entscheiden, welche Wahl Sie treffen wollen. Sie warten nicht mehr ab, ob eine Situation Sie traurig oder fröhlich macht, sondern entscheiden selbst, was Sie fühlen wollen. Sie holen sich Ihre Macht zurück. Sie sind in der Lage, Glück zu machen. Fangen wir mit den einzelnen Schritten an, am Ende der Liste gebe ich Ihnen ein ausführliches Alltagsbeispiel.

1. Das Ziel oder den Wunsch sachlich formulieren

Allein für diese kleine Aufgabe haben wir uns in früheren Kapiteln dem Megathema Ziele und Sinn gewidmet. Wo liegt mein Sinn? Welche Erfahrung will ich hier in diesem Leben machen? Will ich warten, bis ich in Rente gehe und dann vielleicht erst anfangen zu leben? Sie wissen, das Leben hier ist kein Leben auf Probe. Nein, es ist life, die Uraufführung läuft bereits. Sie wissen, dass Sie die Eigenverantwortung und die Freiheit haben, auf Ihre Weise Erfahrungen zu machen. Sie müssen nicht mehr fragen, was die ganze Welt, Ihre Eltern, Ihre Nachbarn und andere von Ihnen erwarten.

Sie wissen, was Sie wollen, und haben Ihr Schon-da-Sein, Ihr »modelling of excellence« schon formuliert oder sich entweder mit der Grabrede, dem Rückblick oder dem analytischen Weg erarbeitet, was Sie wollen. Sie können jedoch auch genau jetzt ganz einfach entscheiden, welche Erfahrung Sie machen wollen. Alle Schritte, die ich Ihnen beschreibe, können Sie jederzeit an jedem Ort durchführen. Mit ein wenig Übung gelingen Ihnen diese Schritte in ein bis zwei Minuten im Alltag. Da ich davon ausgehe, dass Sie sich bereits erarbeitet haben, was Sie wollen, ist der erste Punkt bereits erledigt. Ansonsten sollten Sie die Schritte zur Zielentwicklung (siehe Seite 110) zuvor noch erledigen.

2. Die Frage klären: Warum will ich es?

Bei diesem Schritt geht es darum, das Gefühl zu beschreiben, das am Ende gefühlt werden soll. Nochmals, es geht Ihnen nicht wirklich um das Auto, das Haus, das Geld, den Traumpartner, den Titel oder was auch immer. Es geht Ihnen lediglich um das damit verbundene Glücksgefühl. Also beschreiben Sie im zweiten Schritt, wie Sie sich genau fühlen wollen. Denken Sie an die Möwe Jonathan: »Du musst schon da sein, bevor du angekommen bist!« Im Bereich des »modelling of excellence« habe ich Ihnen aufgezeigt, wie Sie Ihr Glücksgefühl mit allen fünf Sinnesorganen beschreiben können. Denken Sie auch an das Beispiel der Baumarkt-Werbung. Sie wollen sich nur geil und glücklich fühlen! Beschreiben Sie dieses Gefühl. Das ist es, was

Sie wirklich wollen. Sie sind hier auf dieser Erde, um Erfahrungen zu machen. Warum also nicht ganz einfach schöne Erfahrungen der Glückseligkeit?

3. Unbewusste Widerstände auflösen

Wie Sie eben lesen konnten, kann es eine Reihe von Widerständen, meistens unbewusster Art geben. Diese sorgen dafür, dass sich Ihr Wunsch nicht einstellt oder sogar das Gegenteil davon geschieht. Überprüfen Sie Ihren Wunsch also auf unbewusste Widerstände und lösen Sie diese gegebenenfalls nach den zuvor beschriebenen Methoden auf. Ansonsten laufen Sie Gefahr, anstelle von »hin zu …« »weg von …« zu wollen. Fragen Sie sich:

Kann ich meinen Wunsch überhaupt emotional annehmen?
Wenn Sie ein unangenehmes Bauchgefühl bei dieser Frage verspüren, sollten Sie den Wunsch so weit reduzieren, bis Sie fühlen, dass es jetzt passt. Wenn Sie Anfangserfolge beobachten können, ist es ein Leichtes, den Wunsch wieder nach oben upzugraden.

Liegt unter meinem Wunsch der Wunsch nach Anerkennung, Kontrolle oder Sicherheit? Sie wissen, dass Sie einen solchen Wunsch nur haben, weil Sie aktuell glauben, eben keine Anerkennung, Kontrolle oder Sicherheit zu haben. Weiterhin wissen Sie ja bereits, dass Sie genau das erhalten, was Sie glauben! Deswegen verzichten Sie in diesem Schritt also natürlich nicht auf Ihren eigentlichen Wunsch, aber Sie verzichten auf den darunterliegenden Wunsch nach Anerkennung, Kontrolle oder Sicherheit. Was Sie wollen, wird dann zu einem »Hin zu«-Wunsch. Sie wollen das, was sie wollen, einfach nur so. Einfach nur so zum Spaß!

Glaube ich unterschwellig, dass ich es nicht verdiene, dass ich es unbedingt brauche, dass ich Angst davor habe, es zu bekom-

men, oder dass ich es nicht haben kann? Bei einem dieser Hinderungsgründe spielt natürlich unser Betriebssystem, unsere Glaubenssätze, eine entscheidende Rolle. Was hat man Sie glauben gemacht? Sollte einer dieser Hinderungsgründe auftreten, empfehle ich Ihnen unbedingt, sich nochmals mit den Kapiteln Selbstliebe und bedingungslose Liebe auseinanderzusetzen (ab Seite 53). Sie sind es wert! Egal, was Sie wollen. Sie sind göttlich!

4. Einen kraftvollen Prozess auslösen

Nun kommt der eigentliche Prozess an die Reihe. Wie lösen wir einen Prozess aus, der sich gewaschen hat? Mit diesem Prozess steht und fällt alles im Bereich des Manifestierens. Jetzt gilt es. Jetzt wird es wild. Manifestieren ist ein wilder, natürlicher Prozess. Als Kinder konnten wir es perfekt. Wenn ein fünfjähriger Junge völlig verdreckt vor Ihnen steht und will, dass Sie mit ihm Fußball spielen, dann schafft er das. Er schert sich einen Dreck um Ihren teuren Armani-Anzug. Er hat eine Intention. Er schlägt eine Delle ins Universum. Er macht alles richtig. Er hat keine Zweifel. Und er will es jetzt. Wir glauben immer, dass beim Manifestieren Zeit vonnöten wäre. Wir könnten ja auch etwas anderes glauben. Die Zeit ist ohnehin ein großes Problem beim Manifestieren. Es gilt, drei Zeitzonen in Einklang zu bringen.

Der Körper lebt in der Vergangenheit. Alle Erlebnisse sind darin gespeichert. Wie bereits erläutert, produziert unser Körper zu allen Erlebnissen einen Chemiecocktail an Gefühlen, damit wir im Falle einer vergleichbaren Situation genau diese Chemie abrufen können. Dann können wir schneller als der Verstand entscheiden, ob die Lage für uns gefährlich ist oder nicht, ob wir weglaufen oder kämpfen. Durch das Manifestieren aber wollen wir eine Veränderung in unserer Zukunft erreichen. Passieren soll und muss der ganze Prozess dabei im Jetzt. Wie bekommen wir die drei Zeitzonen zusammen? Wie lösen wir einen kraftvollen Prozess aus? Genau wie bei richtig gutem Sex.

Bei richtig gutem Sex verschwindet die Vergangenheit. Genauso verschwindet die Zukunft. Alles fließt zusammen in das ewige Jetzt. Wir steigern unser Gefühl in das absolute Jetzt hinein, wir halten und genießen es, so lange es geht. Wenn wir es dann nicht mehr halten können, dann lassen wir es fließen. Dann ist der Manifestierungsprozess geschehen, und wir erzeugen oder manifestieren im wahrsten Sinne des Wortes neues Leben. Jeder, der schon mal solchen Sex hatte, sollte diesen Vergleich zum Manifestieren niemals vergessen. Er weiß dann schon, wie es eigentlich geht.

Für den Verstand ist die Angelegenheit mit den drei Zeitzonen sehr schwer zu verstehen. Viele glauben, es dauert seine Zeit. Aber es geschieht gerade jetzt. Wir wählen genau jetzt aus. Woraus? Aus dem, was ohnehin schon da ist. Wir drehen quasi das gesamte holistische Feld in uns hinein: durch ein klares Auswählen der Erfahrung.

Wir sind mit unserem Denken in der linearen Zeitachse gefangen. Stellen Sie sich die Zeit wie eine Linie vor. Wir stehen am Anfang dieser Linie, das gewünschte Ergebnis ist irgendwo an einem entfernten Punkt. Jetzt haben wir schon wieder zwei Superchancen, alles falsch zu machen: Wir hätten es gern. Das kann leicht dazu führen, dass wir ein starkes Verlangen danach entwickeln, es zu haben. Dann manifestieren wir aus Versehen das Verlangen nach dieser Sache, nicht jedoch die Sache selbst. Was wird passieren? Wir erhalten als Ergebnis jede Menge Situationen, die uns das Verlangen nach dieser Sache verstärken, nicht jedoch die Sache selbst. Nur mit dem Verständnis, dass alles bereits ist, können wir auch mit dem Verstand annehmen: Es ist jetzt so!

Wir glauben zum anderen, es benötige eine bestimmte Zeit. Wenn wir glauben, es wird eine gewisse Zeit, zum Beispiel zwei Wochen oder zwei Monate brauchen, bis es manifestiert ist, dann manifestieren wir genau diesen Zeitpuffer mit. Egal, was geschieht, wir können es nie erreichen, wir werden immer kurz davor sein, es zu erreichen

– und es entschwindet uns im letzten Moment. Letzten Endes schieben wir immer die mitmanifestierte Zeit zwischen uns und das gewünschte Ergebnis. Für den Verstand ist das natürlich überhaupt nicht plausibel, weil er ja genau weiß, dass das Ergebnis in der Zukunft liegt. Aber manifestieren tun wir eben nicht mit dem Verstand. Manifestieren geschieht mittels der Schwingungsfrequenzen einer Emotion.

Lösen wir also jetzt einen kraftvollen Prozess aus und tricksen dabei gleichzeitig den Verstand aus. Zunächst **Glücksgefühle aufbauen**, da wir uns ja ganz einfach wohlfühlen wollen, also ein Leben in Glückseligkeit führen möchten. Es bleibt uns nichts anderes übrig, weil wir ja wissen, dass wir lediglich Schwingungsfrequenzen einer Emotion manifestieren. Ganz wichtig: Wir sollten nur manifestieren, wenn wir gut drauf sind! Ansonsten würden wir ja unsere schlechten Gefühle manifestieren. Deswegen nutzen Sie die für Sie wichtigen Schritte aus dem ersten Teil des Buches und machen Sie sich ganz einfach erst einmal Glücksgefühle (siehe 21 Glücksaktivitäten ab Seite 53).

Zeitlich gehen wir nun nach vorn auf der Zeitachse, bis hinter die Erfüllung des Wunsches. Dieser Schritt ist entscheidend, denn damit tricksen wir den Verstand auf jeden Fall aus. Wenn wir mental zeitlich bis hinter die Wunscherfüllung gehen, dann ist es mental ja bereits geschehen. Dann schieben wir nicht aus Versehen einen Zeitpuffer zwischen uns und das Ergebnis oder manifestieren lediglich das Verlangen nach der Sache. Jesus hat es nicht anders gemacht: Er dankte Gott, seinem Vater, bevor er ein Wunder tat. Er war zeitlich dahinter gegangen, hat es in sich erlebt und dann dafür gedankt. Nichts anderes machen wir. Wir gehen zeitlich nach vorn und können rückblickend sagen: »Ich bin so froh und dankbar, dass ich … habe.« Oder: »Ich finde es so toll und so geil, dass … passiert ist.«

Nun steigern Sie sich in das Gefühl, das Sie erleben wollen, hinein und halten es so lange wie möglich. Denken Sie dabei an gigantischen Sex. Dieser Punkt ist anstrengend. Dieser Punkt ist wild. Dieser Punkt darf laut sein. Je wilder und lauter und intensiver, umso kraftvoller haben Sie manifestiert. Manifestieren klappt bei vielen ganz einfach deshalb nicht, weil sie keine Kraft in diesen Prozess legen. Weil ihnen der Kittel nicht brennt. Ein bisschen schwanger gibt es eben nicht. An diesem Punkt trennt sich die Spreu vom Weizen, die Buben von den Männern. Geben Sie Gas! Strengen Sie sich an! Schwitzen Sie! Halten Sie das Gefühl, so lange Sie können! Wenn Sie es dann nicht mehr halten können und es geht, dann ist es vollbracht.

5. Loslassen und auf die Zeichen achten

Das ist leicht gesagt und schwer getan. Aber ich kann Ihnen versichern, wenn Sie jetzt nicht loslassen, war alles für die Katz. Gerade Menschen, die etwas im Leben wollen, und sei es nur die Macht über ihr Leben und ihre Glücksgefühle, denen fällt es schwer loszulassen. Sie wollen alles hinbekommen. Es sind Macher. Wissen Sie, wie früher in Afrika Affen gefangen wurden? Man hing einen Tonkrug an einen Baum oder suchte ein Astloch. In den Tonkrug oder das Astloch wurden leckere Nüsse hineingelegt. Der Affe kam, griff nach den Nüssen, nahm sie in die Faust und bekam diese nicht mehr aus dem Astloch oder dem Tonkrug. Zack, schon war der Affe gefangen – er wollte nicht loslassen. Wir sind heute im 21. Jahrhundert und ich habe das Gefühl, dass wir uns in Bezug auf das Loslassen nicht viel weiter als ein Affe entwickelt haben.

Alles, was wir festhalten, werden wir verlieren. Wer sein Geld krampfhaft glaubt festhalten zu müssen, der wird es verlieren. Wer glaubt, seinen Lebenspartner krampfhaft festhalten zu müssen, der wird ihn verlieren. Über die Kunst des Loslassens wird vieles geschrieben. Das schönste Beispiel ist das des Bogenschützen. Was macht der Bogenschütze? Er spannt den Bogen, zielt und lässt los. Er lässt den Pfeil fliegen. Er spannt den Bogen nicht noch fester, bis er bricht. Er hält auch den gespannten Bogen nicht fest und wartet, bis er vor lauter Verkrampfung den Abschuss verreißt. Er ist vor allen Dingen nicht so blöd und kämpft sich mitsamt Pfeil und Bogen bis zur Zielscheibe, um dann den Pfeil hineinzustecken. Nein, er lässt den Pfeil ganz einfach fliegen.

Wenn wir alle Prozesse bis zu diesem Punkt durchgeführt haben, dann ist das so, als hätten wir den Bogen gespannt und gezielt. Nun müssen auch wir logischerweise loslassen. Am besten haken Sie die Angelegenheit ab und vergessen Sie sie. Wenden Sie sich etwas anderem zu. Wenn Sie alle Punkte bis hierhin durchgeführt haben, dann ist das so, als hätten Sie eine mächtige E-Mail mit konkreten Angaben von dem, was Sie gern erfahren möchten, geschrieben. Erst wenn Sie loslassen, wird es abgeschickt. Loslassen ist quasi Ihre Send-Taste!

Was passiert nun? Erst wenn Sie loslassen, kann sich ein spiralförmiger Energiewirbel oder auch Informationswirbel von Ihnen lösen. Dieser Spiralwirbel erzeugt einen Sog, durch den Sie automatisch das Gewünschte in Ihr Leben ziehen. Loslassen heißt natürlich nicht, sich nur noch zurückzulehnen und zu glauben, die gebratenen Tauben fliegen Ihnen nur so in den Mund. Wenn etwas zu tun und zu unternehmen ist, dann müssen Sie das natürlich auch tun. Wenn Ihnen das Loslassen schwerfällt, dann machen Sie sich einfach Ihre eigene kleine Checkliste. Fragen Sie sich, ob in der Angelegenheit zu Ihrem Wunsch jetzt konkret irgendetwas zu unternehmen ist. Wenn etwas zu tun ist, dann tun Sie es. Sie können sich zusätzlich fragen, ob Sie aktuell noch eine Idee haben oder jemanden kontaktieren könnten, der Ihnen weiterhilft. Wenn Sie auch diesbezüglich keine Idee haben, dann haken Sie die Angelegenheit ab. Sehr schön können Sie sich zum Thema Loslassen an die Erkenntnis von Friedrich Öttinger aus dem 17. Jahrhundert halten. Er sagte:»Herr, gib mir die Kraft, die Dinge zu ändern, die ich ändern kann. Gib mir die Gelassenheit, die Dinge zu lassen, die ich nicht ändern kann. Und gib mir die Weisheit, das eine vom anderen zu unterscheiden.«

Ich persönlich habe mich viele Jahre mit dem Thema Loslassen auseinandergesetzt und mich daran geübt. Es ist mir anfangs sehr schwergefallen. Der Verstand glaubt ja, er müsse dem, was ist, immer irgendetwas hinzufügen. Meine größten Aufträge habe ich allesamt durch Loslassen erhalten. Und zu Beginn nicht, weil ich ein Meister des Loslassens war, sondern weil ich unbeabsichtigt losgelassen hatte. Die meisten Aufträge habe ich zu Beginn im Urlaub erhalten. Dort nämlich hatte ich losgelassen. Nicht weil ich bewusst loslassen wollte, sondern weil ich mir gesagt hatte: »Jetzt mache ich eine Woche Urlaub und Party. Alles andere ist mir jetzt egal!« Und siehe da, die lustigsten Anrufe und Begebenheiten zeigten sich auf wundersame Weise. Oder wenn ich einfach mal einen Tag ausspannen wollte und irgendwo in einen Freizeitpark oder Ähnliches gefahren bin: Zack, mein Handy klingelte und eine Angelegenheit, an der ich schon lange dran war, führte zu einem lukrativen Auftrag. Lassen Sie los und richten Sie sich nach den Zeichen. Sie werden auf wundersame Weise angeleitet. Auf eine Art und Weise, auf die Sie so ohne Weiteres nie gekommen wären. Erschaffen Sie sich, was Sie wollen, und lassen Sie los. Wie aber werden wir angeleitet? Was sind das für Zeichen?

Streichen Sie zunächst einmal das Wort »Zufall« aus Ihrem Leben. Es gibt für Sie keine Zufälle mehr. Sie sind Teil des großen Ganzen mit Einfluss auf das große Ganze. Wie sollte es da noch Zufälle geben? Alles, was Sie denken und tun, hat Einfluss. Ihr Denken wird absolut gemacht. Deswegen erhalten Sie unentwegt Zeichen und Hinweise. Sie werden jetzt regelrecht durch Ihr Leben geschubst. Mal erhalten Sie einen Schubs nach rechts oder links, mal werden Sie gebremst, und manchmal ist es halt auch ein Tritt in den Hintern. Sie haben nicht mehr zufällig eine Panne mit Ihrem Auto, rempeln mit irgendwelchen Menschen zusammen, verwählen sich am Telefon oder können jemanden nicht erreichen. Es gibt für Sie jetzt nur noch Zeichen.

Die Frage ist, wie wir sie erkennen und deuten. Zunächst einmal ganz allgemein: Woher können denn die Zeichen kommen? Irgendwie müssen sie ja von außen nach innen zu uns kommen. Aber was ist denn mit der Intuition? Die kommt doch von innen. Sicher? Vielleicht ist Ihre Intuition ja auch über Ihre Antenne als Information von außen empfangen worden. Wir alle haben Mega-Antennen, mit denen wir Informationen empfangen. Manche sagen auch Ahnungen dazu. Das Problem Nummer eins liegt darin, dass wir diese Informationen in der Regel nicht bewusst mitbekommen. Wir haben sie also nicht bis hoch zu unserer Großhirnrinde durchgelassen. Allein das Durchlassen von Informationen bis dorthin erfordert viel Training, zum Beispiel durch Meditation. Problem Nummer zwei ist, dass wir Informationen, die wirklich ankommen, in der Regel analysieren und durchdenken wollen. Dabei zerdenken wir sie. Da gibt es aber nichts zu denken, sondern nur zu entscheiden. Bei dem fürchterlichen Tsunami-Unglück sind seinerzeit kaum Tiere umgekommen, da diese rechtzeitig geflüchtet sind. Tiere und Menschen haben die Information der drohenden Gefahr rechtzeitig erhalten. Die wenigsten Menschen jedoch haben die Information bewusst mitbekommen, sie also bis zur Großhirnrinde durchgelassen. Die wenigen, die die Information, eventuell als ängstliches Gefühl im Bauch, registriert haben, analysierten sie wohl eher, sahen sich um, konnten nichts feststellen und haben die Information sodann verworfen. Dann hat sie natürlich nichts genützt.

Wie oft haben Sie in Ihrem Leben Entscheidungen getroffen, bei denen Sie sich Minuten, Stunden, Tage oder auch Monate hinterher sagen mussten: »Hätte ich doch auf mein Gefühl gehört!« Wieso haben Sie es nicht? Ich kann es Ihnen sagen. Sie haben versucht, Ihr Gefühl zu erklären, anstatt es in Ihre Entscheidung mit einzubeziehen. Gefühle können wir nicht analytisch erklären. Sie sind Chemie. Wir haben jedoch in der Schule gelernt, wir könnten alles erklären. Wir fliegen auf den Mond, haben das Penizillin erfunden, wir sind schlau, wir wissen alles. Ich frage Sie: Wenn Sie auf alle direkten und indirekten, versteckten und offenen Zeichen und Hinweise, die Sie in Ihrem Leben erhalten haben, geachtet hätten, vor wie viel Leid, Schmerz und Ungemach wären Sie bewahrt geworden?

Kommen wir also wieder zum Ausgang, zum optimalen Umgang mit Zeichen zurück. Wir wissen jetzt, dass selbst eine Intuition in letzter Konsequenz von außen kommt. Also ist es egal, was auf Sie zukommt: eine Intuition oder ein Bauchgefühl, ein Telefonat, ein Gespräch, ein nicht zustande gekommenes Gespräch, eine Begegnung, ein Fax, ein Brief, eine Mail, ein besonderer Blick ... Wie gehen wir in der Praxis damit um? Stellen Sie sich bei all diesen Dingen zwei Fragen: Was hat das mit meiner Manifestation zu tun? Wenn Sie diese Frage konkret stellen, bekommen Sie augenblicklich eine Antwort oder ein Gefühl. Und fragen Sie: Was sagt mein Gefühl zu dieser Information? Hier gibt es nur zwei Richtungen: Gut oder schlecht.

Wenn Sie die zwei Antworten haben, dann handeln Sie. Jetzt brauchen Sie ganz einfach Mut. Scheren Sie sich nicht darum, was die Leute sagen würden. Diese Leute haben nicht die Information, die Sie haben. Die anderen wollen (bewusst oder unbewusst) ihre eigenen Erfahrungen in diesem Leben machen und bekommen eben die Informationen, die für sie selbst relevant sind. Es ist nicht Ihr Leben, sondern deren. Beim Erkennen und Umsetzen der Informationen, die Sie erhalten, geht es um Ihr Glück, um Ihr Leben.

6. Symbolreinheit

Ist es denn immer noch nicht genug? Was heißt denn nun Symbolreinheit? Symbole haben eine große Macht. Wir alle kennen das Hakenkreuz, das um 90 Grad gedrehte alte indische Zeichen, das eine enorme Macht hat, sonst wäre es sicherlich nicht verboten. Unternehmen geben eine Unmenge an Geld aus, um sich sinnvolle Logos und Symbole für ihr Unternehmen erstellen zu lassen. Auch für mein Symbol habe ich einem Profi eine Menge Geld bezahlt. Allein die Überlegungen, die in die Gespräche einfließen, damit ein Grafiker erfassen kann, worum es geht, informieren schon ein solches Symbol.

In dieses GLÜCKMACHEN-Logo sind folgende Informationen eingeflossen: Zum einen stellt der durchsichtige Teil einen Menschen in der Draufsicht dar, der sich freut und die Arme wie bei einer Glücksgeste auseinanderreißt. Zum anderen ist in diesem Kubus ein Schnitt, wie ein Schwerthieb. Es ist der Schnitt des Zen-Meisters, der mit einem kraftvollen Hieb die Vergangenheit und die Zukunft abschlägt.

Übrig bleibt der glückliche Mensch im ewigen Jetzt. Weiterhin kippt die linke Seite etwas asymmetrisch weg. Das bedeutet, dass die Vergangenheit nicht mehr belastet. Durch Vergebung und Eigenliebe brauchen wir uns durch die Vergangenheit nicht mehr fesseln zu lassen. Die rechte Seite steht auf einem stabilen Fundament und ist nach oben orientiert. Das ist das neue Leben in Glückseligkeit, die Zukunft hat.

Sie merken, in einem Symbol steckt eine Menge an Informationen. Diese werden auf ein Minimum reduziert. Wenn Sie einmal an den Balken im Deutsche-Bank-Logo denken, dann wissen Sie, was Reduzierung auf das Minimum bedeutet. Allein beim Betrachten des Symbols nehmen wir die Informationen in uns auf und werden von ihr beeinflusst. Wir müssen sie noch nicht einmal bewusst aufnehmen. Es reicht, wenn wir sie im unbewussten Wahrnehmungsspektrum dabeihaben. Unbewusst dringt die Botschaft ein.

Und nun stellen Sie sich einmal vor, Sie manifestieren ein Leben in voller Glückseligkeit, Fitness und Wohlgefühl und in Ihrer Wohnung liegt alles voller Medikamentenschachteln oder Krankheitsratgeber. Was soll denn nun Ihr Unterbewusstsein davon halten? Soll es das glauben, was Sie ihm gesagt haben, oder das, womit Sie es tagtäglich konfrontieren? Entweder Sie ernten Krankheit oder aber eben totalen Wirrwarr. Oder stellen Sie sich einmal vor, Sie manifestieren sich ein Leben voller Glückseligkeit, Freiheit und Fülle, und auf Ihrem Schreibtisch steht ein Ordner mit der Aufschrift »Schulden«. Es ist wohl klar, was Sie ernten werden.

Symbolreinheit schaffen heißt ganz einfach, dass Sie Ihr gesamtes Umfeld, das Haus, die Wohnung, den Arbeitsplatz, den Geldbeutel, alles durchforsten, ob es irgendwelche Symbole gibt, die Ihrem manifestierten Wunsch genau entgegenstehen. Schaffen Sie diese Symbole weg! Natürlich können Sie Medikamente, die Sie benötigen, nicht wirklich wegschaffen, und wenn Sie Schulden haben, dann werden Sie die entsprechenden Kontoauszüge natürlich auch abheften müssen. Aber Sie können diese Dinge zumindest aus Ihrem Sichtbereich schaffen und immer nur eine sehr kurze Zeit vor Ihre Augen halten, dann wenn Sie sie eben benötigen.

Wenn das mit den Symbolen schon so gut funktioniert, dann können wir diese Erkenntnis auch in positiver Hinsicht nutzen. So würde ich Ihnen empfehlen, sich für Ihren Wunsch, der mit absoluten Glücksgefühlen verbunden ist, ein entsprechendes Symbol zu suchen. Wichtig dabei: Es muss etwas sein, was neu für Sie ist, wobei Sie mental noch keine Verknüpfung hergestellt haben. So könnten Sie sich zum Beispiel eine Reihe von kleinen Glückskäfern, die es in den unterschiedlichsten Gestalten gibt, besorgen. Wenn Sie das gemacht haben, gehen Sie mental noch einmal total in Ihr absolutes Glücksgefühl, nehmen Ihre Glückskäfer in die Hand, schauen sie an und legen dabei automatisch ein neuronales Netzwerk an, also eine Verknüpfung zwischen den Glückskäfern und Ihrem Glücksgefühl. Nun platzieren Sie die Glückskäfer an alle wichtigen Plätze in Ihrem Leben. Auf den Geldbeutel, an den Kühlschrank, in Ihr Büro, in Ihr Auto, auf Ihren Laptop, in Ihren Timer. Auf diese Weise haben Sie die Macht der Symbole ganz einfach positiv für sich genutzt. Denn jedes Mal, wenn Sie in Zukunft Ihre Glückskäfer bewusst oder unbewusst sehen, läuft automatisch Ihr Glücksprogramm ab.

In meinen Seminaren frage ich häufig beliebige Teilnehmer, wie viel Geld sie denn so in ihrer Briefbörse haben. Die Antworten liegen in der Regel zwischen 20 und 150 Euro. Aber wie soll sich jemand reich fühlen, wenn er jedes Mal, wenn er in seinen Geldbeutel schaut, sieht, dass er fast nichts hat? Er wird anfangen, das auch zu glauben. Und wir ernten immer das, was wir glauben. Viele antworten, dass sie ja mit der Karte zahlen. Als Symbol nützt das natürlich nichts. Sie könnten ja auch einmal eine Reihe großer Scheine in Ihren Geldbeutel legen – nicht zum Ausgeben, dafür können Sie ja Ihre Bankkarte immer noch nehmen – sondern um sich durch das wiederholte Anschauen Ihres Geldes automatisch den Glauben einzuprogrammieren, dass Sie genug davon haben. Auch dann werden Sie entsprechend ernten. Eine bessere Verzinsung werden Sie schwerlich finden.

7. Gefühle halten oder gegebenenfalls umwandeln

Das ist nun der letzte Schritt, den Sie eventuell noch im Alltag benötigen werden. Da wir durch das Gesetz der Anziehung jederzeit empfangen wie ein Radio, ist es wichtig, jederzeit gut drauf zu sein. Ihr Radio empfängt immer etwas, je nachdem, welche Empfangsfrequenz Sie einstellen. Auch wir können nicht nicht empfangen, Musik, Gespräche oder ein Rauschen, etwas kommt immer. Da alles, was Sie wollen, in letzter Konsequenz Wohlgefühl und Glückseligkeit ist, müssen Sie auch die richtige Frequenz dafür einstellen.

In der Praxis heißt das: Wenn Sie Ihr Glücksgefühl manifestiert haben, vergessen Sie anschließend die Angelegenheit, Sie lassen los und gehen pfeifend durch den Tag. Sie wissen, dass Sie ständig Zeichen erhalten, dass Sie geführt werden. Nun sollten Sie theoretisch Ihre Gedanken kontrollieren. In der Praxis ist das jedoch auf direktem Wege nicht möglich. Dafür sind es einfach zu viele. Je nach Studie zwischen 60 000 und 80 000 am Tag, die kann kein Mensch kontrollieren. Aber wir können die Wirkung dieser Gedanken kontrollieren. Und das sind unsere Gefühle. Wenn Sie also irgendwann am Tag spüren: »Hoppla, ich fühle mich nicht gut, ich habe schlechte Gefühle«, dann sollten Sie sagen: »Danke für diesen Hinweis. Es gibt etwas, was ich will, aber ich schaue es im Moment nicht an!« Wunderbar, dann halten Sie inne und fragen sich, was Sie wirklich wollen. Sie wollten doch Glückseligkeit. Also richten Sie sich wieder darauf aus! Der Effekt: Sie sind wieder gut drauf und empfangen das Gefühl, gut drauf zu sein. Eine Spirale mit Potenzeffekt ist für Sie im Gang. Was wollten Sie mehr?

> **Übung**
>
> **Das Manifestieren auf einen Blick**
> Sieben Schritte sind nötig, wenn Sie erfolgreich manifestieren:
> 1. Ziel oder Wunsch sachlich formulieren
> 2. Warum will ich es?
> 3. Unbewusste Widerstände auflösen
> 4. Einen kraftvollen Prozess auslösen
> 5. Loslassen und auf die Zeichen achten
> 6. Symbolreinheit schaffen
> 7. Das Gefühl halten und gegebenenfalls umwandeln

Die praktische Umsetzung

Kommen wir zu ein paar Beispielen, die Ihnen leicht nachvollziehbar zeigen, wie das Manifestieren in der Praxis funktioniert.

Das Buch GLÜCKMACHEN

Wie bereits eingangs erläutert, beschäftige ich mich bereits seit dem Jahr 2000 mit dem Glück und habe mir 2001 den Begriff »Mentalphysik« schützen lassen. Im Sommer 2008 war ich der Meinung, dass ich nun endlich die Lösung für diese Thematik gefunden hätte, und sprach mit einem Freund darüber. Er sagte: »He, das ist dein Thema, deine Ausrichtung, unglaublich! Du musst ein Buch darüber schreiben!« Ich sagte: »Nun, ich weiß nicht. Ich habe jetzt sechs Bücher, einige DVDs und Hörbücher gemacht, habe allerdings seit Jahren nichts geschrieben, weil ich irgendwie festhänge. Ich schreibe erst wieder, wenn ich das Gefühl habe, wenn ich den Drang des unbedingten Mitteilens verspüre. Einfach so ein Buch, nur um noch ein

Buch geschrieben zu haben, das möchte ich nicht.« Trotzdem ließ mich der Gedanke nicht los. Irgendwann schien der Moment gekommen, da ich wieder schreiben wollte. Kurzerhand ging ich das gesamte Programm durch:

1. Ziel oder Wunsch sachlich formulieren: Was will ich? Ein Buch mit einem guten Verlag und das möglichst noch als Hardcover.

2. Warum will ich es? Ich möchte ganz einfach den stolzen Moment erleben, wenn ich mein neues Buch fertig in den Händen halte. Ich will das Grinsen auf der Backe, wenn ich begeisterte Leserbriefe erhalte. Ich will das Kribbeln auf der Haut, das man nur fühlen kann, wenn man etwas erschaffen hat. Ich will das geile Gefühl, etwas für mich Wichtiges hinterlassen zu haben.

3. Unbewusste Widerstände auflösen: Kann ich meinen Wunsch überhaupt emotional annehmen? Oh ja, das konnte ich. Liegt unter meinem Wunsch der Wunsch nach Annerkennung, Kontrolle oder Sicherheit? Aha, hier verspürte ich doch glatt den Wunsch nach Anerkennung. Also weiter. Bin ich bereit, das Buch zu wollen und trotzdem auf den Wunsch nach Anerkennung zu verzichten? Ich bin dann nicht mehr in der Anerkennung verhaftet. Gut, das hat auch geklappt. Glaube ich unterschwellig, ich verdiene es nicht? Kein Problem, ich habe so lange daran gearbeitet, dass ich es sicher verdiene. Glaube ich, dass ich es unbedingt brauche? Quatsch. Habe ich Angst, es zu bekommen? Aha, da spürte ich etwas Angst: Was werden die Leute sagen, zerreißen mich die Medien? Mit der Anleitung zur Selbstliebe, siehe Seite 53, war auch das schnell gelöst. Glaube ich, dass ich das Buch nicht haben kann? Oh doch, kein Problem, das kann ich haben.

4. Einen kraftvollen Prozess auslösen: Zunächst also Glücksgefühle aufbauen. Das ging schnell, weil ich mich die meiste Zeit ohnehin glücklich fühle. Also ging ich zeitlich bis hinter die Erfüllung meines Wunsches, war unendlich froh und dankbar, dass die Sache mit dem Buch so klasse geklappt hat, steigerte mich in das Gefühl hinein, sodass mich jeder Fremde augenblicklich für verrückt erklärt hätte, geilte mich in der Freude auf, hielt das Gefühl so lange, bis ich es einfach nicht mehr halten konnte – fühlte mich leer, geschafft und glücklich.

5. Loslassen und auf die Zeichen achten: Das war bei diesem Beispiel supereinfach. Da ich derart ausgebucht war, hatte ich überhaupt keine Zeit, noch an das Buchprojekt zu denken. Ich hakte die Angelegenheit ab und wendete mich dem zu, was ich zu tun hatte. Das Zeichen kam, direkt und eindeutig innerhalb von maximal drei Wochen in Form eines Briefes von einer Redakteurin, die mir schrieb, ob ich mich noch an sie erinnern könnte und ob ich nicht Lust hätte, nochmals ein Projekt mit ihr zu machen. Natürlich hatte ich Lust. Ich dachte: »Unglaublich, noch nicht einmal ein Exposé habe ich erstellt, kein Telefonat geführt, einfach nichts. Das muss es sein!« Und das war es auch. Wir telefonierten, machten ein Treffen aus, und ich stellte ihr das Projekt vor. Der Rest ist Geschichte. Sie halten das Buch schließlich in den Händen.

6. Symbolreinheit schaffen: Das war bei diesem Buchprojekt kein Problem und bestand im Wesentlichen darin, einen Ordner mit dem Titel »GLÜCKMACHEN« anzulegen und mein eigenes Logo entsprechend zu platzieren. Da es in diesem Fall nichts gab, was dem Thema irgendwie entgegenstand, war dieser Punkt damit erledigt.

7. Das Gefühl halten und gegebenenfalls umwandeln: Ein Buch schreibt sich nicht von allein. Und natürlich gibt es Phasen, an denen es zeitlich möglich wäre, aber die Schreiblust ist augenblicklich suboptimal. Das sind dann die Momente, an denen ich das Unlustgefühl gegen das Freudengefühl austauschte, gegen den Moment, an denen ich das fertige Buch in den Händen halte. Voller Stolz und Euphorie, wie sie sich nur einstellen kann, wenn ein Werk geboren ist.

Da genügte es mir, wenn ich mich einfach eine Minute lang in dieses Gefühl hineinsteigerte, und ich war wieder top drauf.

Das Disco-Beispiel

Hierbei handelt es sich um ein schnelles Beispiel. Ich wollte die Thematik des glücklichen Manifestierens einem meiner beiden Söhne beibringen. Was auch sonst? Schließlich handelt es sich um eine der wichtigsten Fähigkeiten im Leben. Also erläuterte ich die sieben Schritte. Logischerweise kam die Frage: »Und jetzt?« Also musste ein praktisches Beispiel her. Ich fragte: »Welche Erfahrung möchtest du heute noch machen?« – »Heute noch?«, fragte er. »Klar, manifestieren geschieht immer, überall und jederzeit. Das ist kein Thema, das sich nur für die großen Lebensziele eignet, nein, es ist Alltag! Also, heute ist Alltag, welche Erfahrung möchtest du heute noch machen?« Er grinste und mir war schon klar, worauf es hinauslaufen würde. Also, raus mit der Sprache. Er meinte, es wäre doch ganz nett, wenn er heute Abend noch einen Hasen reißen (zu gut Deutsch: ein Mädchen aus der Disco mit nach Hause nehmen) würde. Ich sagte: »Okay, dann machen wir das mal gleich nach dem Sieben-Punkte-Programm. Zunächst musst du natürlich gut drauf sein, denn du manifestierst lediglich Schwingungsfrequenzen einer Emotion, und du willst doch sicher ein Ergebnis, bei dem du dich so richtig pudelwohl fühlst.« Nun, er packte sich ein paar der 21 Glücksaktivitäten und war so richtig super drauf. Nun konnte es losgehen:

1. Ziel oder Wunsch sachlich formulieren: Das war klar: Ich habe heute Abend ein nettes Mädchen kennengelernt, die mich mag, die ich mag und die heute Abend mit zu mir nach Hause geht und …

2. Warum will ich es? Nun, das Gefühl musste er mir nicht explizit beschreiben. Er wusste es und ich auch.

3. Unbewusste Widerstände auflösen: Emotional konnte er seinen Wunsch annehmen. Es lag jedoch der Wunsch nach Anerkennung darunter. Ich fragte ihn: »Kannst du dir deinen Wunsch vorstellen und dabei auf die Anerkennung vollkommen verzichten?« Ja, das konnte er. Jedoch stellte sich heraus, dass er Angst hatte, es zu bekommen. Ich fragte ihn: »Was hast du schon alles unternommen, um ein solches Wunschergebnis zu bekommen?« Er zählte mir eine ganze Reihe von Dingen auf. Weiter fragte ich ihn: »Bist du bereit, dich für deine Bemühungen, die du alle unternommen hast, selbst zu achten, zu lieben und wertzuschätzen?« Das konnte er und die Angst, es zu bekommen, war verschwunden. Er sagte: »Klar, das steht mir zu, wie geil!«

4. Einen kraftvollen Prozess auslösen: Ich erläuterte ihm, dass er die gewünschte Erfahrung, das Gefühl, vorerleben sollte, dass er hinter die Erfahrung gehen und rückwirkend dankbar sein sollte. Für diesen Schritt ließ ich ihn dann allein.

5. Loslassen und auf die Zeichen achten: Ich sagte ihm: »Hake die Angelegenheit ab, achte auf die Zeichen und setze sie dann ganz einfach um.« Da hatte ich etwas gesagt! »Woran erkenne ich, was ich tun soll, welche die Richtige ist?« Gute Frage. Ich sagte: »Möglicherweise stehst du in der Discothek herum, und auf einmal fällt dein Blick auf ein Mädchen und du bleibst da mit deinem Auge hängen. Jetzt bist du möglicherweise unsicher. Ist sie das? Du fragst deinen Bauch, ob dieses Mädchen etwas mit deiner Manifestation zu tun hat, und weiterhin, ob dein Gefühl pro oder kontra ist. Wenn beide Antworten positiv sind, dann denk nicht mehr weiter nach, gehe hin und sprich sie an. Die richtigen Worte werden dir dann einfallen.«

6. Symbolreinheit schaffen: Einfache Sache, denn konkret bedeutete das, dass er sein Zimmer entsprechend aufräumen und sich wie ein Sieger kleiden musste.

7. **Ständig das Gefühl halten:** Diesen Punkt habe ich ihm noch als Abschluss mitgegeben.

Die gesamte Angelegenheit dauerte mitsamt Erklärungen maximal eine halbe Stunde. Nun, Sie wollen wissen, wie die Angelegenheit ausgegangen ist? Das bleibt privat. Eines kann ich jedoch sagen: Die Schuhe, die bei uns im Flur standen, waren genauso hübsch wie ihre Trägerin.

Mein Haus-Wohnungs-Beispiel

Ein Live-Beispiel, das sich während der Arbeit am Buchprojekt parallel entwickelte. Ein Beispiel, das auch aufzeigt, dass sich ein Prozess des praktischen Manifestierens über einen relativ langen Zeitraum hinziehen kann und dass es nur dann so richtig rockt, wenn absolute Zielklarheit vorhanden ist. Denn erst dann kann eine kraftvolle Intention wirken.

Im Rahmen einer Trennung stand die Frage im Raum, was mit dem gemeinsamen Haus geschieht. Wir hatten uns geeinigt, dass wir es entweder verkaufen oder einer der beiden übernimmt es nach einem Gutachtenwert. Schön und gut. Gutachten gemacht. Meine damalige Frau stimmte mit mir überein, das Haus zu verkaufen. Also suchten wir uns einen Immobilienmakler und beauftragten ihn damit. Ich schaute derweil nach anderen Immobilien. Sie hatte längst eine andere Wohnung. Ich aber fand einfach kein geeignetes Objekt, war mir absolut nicht sicher, ob eine Wohnung oder ein anderes Haus für mich das Richtige wäre oder ob ich das alte Haus nicht ganz einfach behalten sollte. Kurzum, ich lief mit angezogener Handbremse durchs Leben. Ich war nicht sicher, ob ich überhaupt Zeit für einen Umzug hätte, und wusste nicht so richtig, was ich wollte. In Sachen Hausverkauf ging auch nichts voran.

Irgendwann war mir die Angelegenheit zu blöd und ich entschied mich, die gesamte Entscheidung jetzt nicht zu treffen. Ich entschied mich, die Haushälfte meiner Frau nach dem Gutachtenwert zu übernehmen und dann in Ruhe zu entscheiden, was die richtige Lösung sei. Gesagt, getan. So gingen die Wochen ins Land und ich merkte die Unsicherheit und die fehlenden Glücksgefühle, da das Haus, das ich nun zu hundert Prozent besaß, in dieser Form auch nicht die reine Glückseligkeit war. Hinzu kam, dass meine beiden Söhne in der Einliegerwohnung lebten und wir den Deal hatten, dass die beiden als Gegenleistung Haus und Garten zu pflegen hätten. Das führte logischerweise zu Spannungen, da wir unterschiedliche Ansichten in Sachen Pflege hatten, wenn Sie verstehen, was ich meine.

In der Zwischenzeit schaute ich mir andere Häuser und Wohnungen an. Irgendwann fand ich eine Wohnung, die nach allen mir wichtigen Kriterien perfekt erschien. Zwar hätten auch da noch ein paar Wände gerückt werden und ein paar Umbauten stattfinden müssen, aber dann wäre sie geradezu perfekt.

Das Problem war: Ohne das Haus zu verkaufen, konnte ich die Wohnung nicht zu hundert Prozent bezahlen. Ich hatte mir aber vorgenommen, dass ich immer auch gleich bezahle. Zum anderen: Was geschieht mit meinen Jungs, wenn ich das Haus verkaufe? Soll ich sie auf die Straße setzen? Soll ich ihnen sagen, dass sie sich gefälligst selbst etwas suchen sollen? Soll ich mir vorwerfen lassen, dass ich nur an mich denke und nach mir die Sintflut?

Immerhin war die Aufgabenstellung klar. Und ich wusste, was ich wollte. Dann ging plötzlich alles ganz schnell, denn nun konnte ich den Prozess des Manifestierens einleiten:

1. Ziel oder Wunsch sachlich formulieren: Wenn diese Wohnung der für mich optimale Platz ist, dann will ich diese Wohnung einschließlich Umbau. Ich will diese Wohnung mit dem Erlös des Hausverkaufes bezahlen. Und ich will die optimale Lösung gleichzeitig für meine Jungs.

2. Warum will ich es? Ich will mich total frei und glückselig fühlen. Frei und leicht. Ich will das Gefühl der optimalen Geldanlage und Lösung für meine Jungs. Ich will mich frei von Banken fühlen und die Wohnung bezahlt haben. Ich will das Gefühl, optimal zu wohnen.

3. Unbewusste Widerstände auflösen: Ja, den Wunsch kann ich emotional annehmen. Und wie! Aber unter meinem Wunsch lag der Wunsch nach Sicherheit und Kontrolle. Ich dachte, wenn das alles so klappt, dann habe ich mein Leben wirtschaftlich im Griff und bin auf der sicheren Seite. Auf diesen Wunsch konnte ich verzichten. Ich wollte es einfach nur so. Genauso mit meinem Wunsch nach Kontrolle: Ursprünglich dachte ich, wenn ich auch noch eine super Lösung für die Jungs hätte, dann hätte ich alles unter Kontrolle. Auch darauf konnte ich schnell verzichten. Natürlich war auch noch etwas Angst da, es zu bekommen. Logischerweise, denn das wäre schon eine gewaltige Lebensveränderung. Mit ein wenig Selbstliebe war auch dieser Punkt schnell erledigt. Nun konnte es losgehen.

4. Einen kraftvollen Prozess auslösen: Ich machte mich noch einmal so richtig extra glücklich. Zog alle Register. Hätte die Welt umarmen können. Dann ging ich zeitlich bis hinter die Wunscherfüllung. Es war bereits so. Ich geilte mich derartig auf, so optimal zu wohnen, und fühlte mich derartig gut und frei, insbesondere weil ich auch für die Jungs noch die perfekte Lösung gefunden hatte. Ich freute mich, schnaufte durch und war so richtig glücklich mit dieser Situation, dass mir fast die Tränen kamen. Ich steigerte mich voller Dankbarkeit hinein, bis ich das Gefühl einfach nicht mehr halten konnte. Völlig erschöpft, aber glücklich saß ich da und dachte: Das war es!

5. Loslassen, auf die Zeichen achten und nach den Impulsen handeln: Was jetzt geschah, ist aus meiner Sicht einmalig. Aus einem Impuls heraus machte ich nochmals einen Besichtigungstermin in »meiner neuen Wohnung«. Dabei sagte ich dem Makler, dass ich schon irgendwie interessiert wäre, aber nicht wüsste, wie ich das hinbekommen sollte. Optimal wäre, wenn ich mein Haus verkauft hätte und damit die Wohnung bezahlen würde. Außerdem ständen noch einige Umbauten an und ich wüsste nicht, wie teuer die würden. Daraufhin sagte der Makler, dass die Wohnung dem Chef der Immobilienfirma gehörte und er sich vorstellen könnte, dass er sich auf einen besonderen Deal einlassen würde. Ich dachte: »Das kann doch nicht wahr sein, wo gibt es denn so etwas!?« Aber es ging noch weiter. Er sagte, dass er auch einen Innenarchitekten hätte, der mir sicherlich im Vorfeld den Umbau kalkulieren könnte. Ich dachte: »Wow, ein Zeichen, das Ding läuft.« Wir verblieben so, dass er beides abklären sollte und wir dann wieder miteinander reden.

Einige Tage später saß ich mit meiner Freundin beim Abendessen und hatte wieder so einen Impuls. Ich sagte: »Du, ich habe dir doch einmal von einer kleinen Wohnung mit einer Traumlage erzählt. (Eine andere, kleine Wohnung mitten im Ort). Ich habe gerade den Impuls, dass ich diese Wohnung kaufen sollte, zum Vermieten oder für meine Jungs. Die andere Maklerwohnung mit Hausverkauf ist für uns. Ich sollte alle zwei Wohnungen kaufen.«

Nun, zwischenzeitlich war sie von mir schon einiges gewohnt und sagte, dass sie ein sehr gutes Gefühl dabei hätte. Der Besitzer der kleinen Wohnung war mir bekannt, ich schickte ihm sofort eine SMS und bat um einen Rückruf bezüglich der Wohnung. Nach etwa drei Stunden rief er mich zurück, um mir mitzuteilen, dass sein Makler die Wohnung mutmaßlich verkauft hätte. Wir verhandelten und er meinte spontan, dass ihm sein Makler mal egal sein könnte. Wir einigten uns auf einen Preis und ich sagte ihm zu. Während dieser letzten 20 Sekunden Gespräch zog mich meine Freundin an der Hand ins Nebenzimmer und zeigte aus dem Fenster. Am Horizont bildete sich ein kompletter, bis zum Boden reichender Regenbogen, wie ein Tor. Und das Schönste daran, noch ein zweiter Regenbogen, genauso schön, umspannte den ersten. Also ein großer und ein kleiner Regenbogen. Eine große und eine kleine Wohnung, so dachte ich. Selbst jetzt beim Schreiben bekomme ich noch Gänsehaut. Wie schnell und klar die Zeichen kommen! Zwei Tage später traf ich mich mit dem Makler und dem Innenarchitekten in der großen Wohnung. Logisch, was jetzt kam: Der Innenaus- und Umbau war günstiger als erwartet und sein Chef hat sich auf den Deal eingelassen. Nach den Regenbogen war mir das ohnehin klar. Und so machten wir einen notariellen Kaufvertrag, indem ich die Wohnung kaufte und sich die Gegenseite verpflichtete, mein Haus zu einem sehr guten, festgelegten Preis zu verkaufen, mit einem Teil des Kaufpreises sollte die Wohnung bezahlt werden. Einfach unglaublich. Wer meint, das wäre normal, der soll das einmal nachmachen!

6. Symbolreinheit schaffen: Aktuell sitze ich noch in meinem Haus und schreibe an diesem Buch. Symbolreinheit heißt, dass ich bereits am Räumen und Sortieren bin, welche Sachen ich denn überhaupt noch behalten will und welche mich belasten. Alle Planungen laufen zu hundert Prozent, ohne den geringsten Zweifel. Dadurch, dass ich bereits heute alles vorbereite, schaffe ich nicht nur Symbolreinheit, sondern auch noch gleichzeitig kraftvolle Rituale, für ein Wohnen des guten Gefühls.

7. Ständig das Gefühl halten und gegebenenfalls umwandeln: Ich bemühe mich, in diesem ursprünglichen Gefühl der Freude und der Freiheit zu bleiben. Allein bei dem Gedanken zieht sich ein Grinsen auf meine Lippen. Wenn ich abends im Bett liege, dann liege ich nicht in meinem Haus, sondern bereits im Bett des optimalen Schlafgefühls. Wenn ich am Haus Dinge entdecke, die mich ärgern, dann wandle ich dieses Gefühl in ein Gefühl der Freude um, ein Gefühl dazu, wie ich optimal wohne. Ich steigere mich in das Gefühl hinein. Somit habe ich zwei Fliegen mit einer Klappe erschlagen.

Denn erstens bin ich sofort gut drauf und zweitens empfange ich in der Realität genau das, was die Emotion in der Realität verursacht. Geil!

Was sich jedoch nun in schneller Folge ereignete, hätte ich mir nie ausdenken können. Wie auch, mit einem Verstand von der Größe eines Tischtennisballs auf einem Fußballfeld? Der Makler war ein fauler Hund, der lediglich reagierte, aber nicht wie besprochen agierte. Er kündigte dann auch noch seinem Chef und machte sich selbstständig. Der Chef der Immobilienfirma versprach mir, dass er sich um den Verkauf meines Hauses kümmern wollte, versprach mir das Blaue vom Himmel, belog mich nachweislich und unternahm auch kaum etwas. Mir kamen langsam so Zweifel.

Warum wollte ich die Wohnung und mein Haus verkaufen? Ich überprüfte noch einmal alle Emotionen. Aha, es lag offensichtlich noch immer der Wunsch nach Sicherheit darunter. Wohnung statt Haus = weniger Kosten = mehr Sicherheit. Okay, aber in meinem Haus fühlte ich mich nach der Trennung von meiner Frau auch nicht mehr wohl. Und die Umbauten hier? Die Kosten? Aha, schon wieder Wunsch nach Sicherheit.

Wie zufällig kam ich nochmals mit dem Architekten in Kontakt. Ich fragte ihn nach Umbaumaßnahmen in meinem Haus. Er kam, hatte super Ideen, die clever und günstig waren, noch wesentlich günstiger als der Umbau in der Wohnung. Das war es. Mein Gefühl war in allen Belangen super. Also: Ich bin in meinem Haus geblieben und habe es clever umgebaut. Jetzt stimmt es nach allen Kriterien. Ich habe an diesem Beispiel noch während des Schreibens eine Menge gelernt.

1. Wenn unterschwellige Wünsche nicht restlos losgelassen werden, geht es einfach nicht vorwärts.

2. Dass ich dennoch eine super Lösung erlebte, lag daran, dass ich mich nicht komplett festgelegt hatte, sondern einfach das für mich Optimale wollte.
3. Auch wenn etwas nicht vorwärtsgeht, ist das ein Zeichen. Die vielen Schwierigkeiten waren jeweils Hinweise auf einen nicht optimalen Weg. Ich wurde quasi geschubst, weg von der Wohnung, hin zum Haus.
4. Ich werde zukünftig noch mehr und schneller vertrauen, dann brauche ich nicht so viel geschubst zu werden. Das Leiden lässt sich abkürzen. Aber wer ist schon perfekt?

Weitere Manifestierungsbeispiele

Betrachten wir abschließend noch ein paar Beispiele, die augenblicklich und schnell wirken. Der gesamte Prozess des Manifestierens ist ein ständiger Alltagsbegleiter. Ich mache ihn teilweise während des Gehens.

Stellen Sie sich vor, es steht ein für Sie wichtiges, schwieriges Gespräch an. Das könnte natürlich auch ein Verkaufsgespräch sein. Alles fängt damit an, dass Sie sich klar werden, was Sie wollen oder welche Erfahrung Sie bei Ihrem Gespräch erleben wollen. Nochmals, es geht hierbei nicht um irgendein Ergebnis wie eine Einigung oder einen Verkaufsabschluss mit eventueller Provisionszahlung, sondern lediglich darum, welche Gefühle Sie durch Ihr Gespräch oder das Gesprächsergebnis fühlen wollen. Und ganz wichtig: Es geht vor allem nicht darum, was Sie bei Ihrem Gespräch unbedingt vermeiden wollen. »Hin zu ...« und nicht »weg von ...«!

Die letzte Chance, Ihr emotionales Ergebnis des Gesprächs zu erschaffen, ist auf den letzten Metern zu Ihrem Gesprächspartner hin vielleicht der Moment, bevor Sie aus Ihrem Auto aussteigen. Gehen Sie im Geiste das Programm durch:

1. Was will ich sachlich erreichen? Zum Beispiel: Ich will eine harmonische Einigung in einem heiklen Streitpunkt. Ich will den Abschluss eines Kaufvertrags.

2. Warum will ich es? Zum Beispiel: Ich fühle mich derartig glücklich und super, weil wir uns so toll in absoluter Harmonie verstehen. Wie geil ist das denn! Ich fühle mich, als wäre ich der Held der Welt.

3. Unbewusste Widerstände auflösen: Ich verzichte auf meine Wünsche nach Anerkennung, Kontrolle und Sicherheit in dieser Sache. Ich will es einfach nur so, weil ich mich dabei so super fühle. Ich verdiene es, ich brauche es nicht unbedingt, ich liebe mich, deshalb darf ich es haben, und ich weiß, dass ich es haben kann.

4. Einen kraftvollen Prozess auslösen: Achtung, zunächst gut drauf sein! Zeitlich nach vorn bis hinter die Wunscherfüllung gehen und rückblickend dankbar sein. Ich bin so dankbar, dass ich das harmonische Gesprächsziel erreicht habe. Ich bin so dankbar, dass ich diesen Abschluss erreicht habe. Jetzt sollten Sie sich in das Gefühl so intensiv wie irgend möglich hineinsteigern und es so lange halten, wie es geht. Und dann lassen Sie es einfach gehen, wenn Sie es nicht mehr halten können. Zum Beispiel: Yeah, ich habe es geschafft! Ich bin der Größte! Ich könnte die ganze Welt umarmen, weil ich schon wieder so einen geilen Abschluss gemacht habe! In dieses Gefühl sollten Sie sich hineinsteigern, quasi bis zum mentalen Erguss.

Wenn Sie diesen Prozess im Auto, auf dem Parkplatz vorm Termin, machen und wissen wollen, ob Sie gut waren, dann merken Sie das an folgendem Kriterium: Wenn Sie gut waren, dann haben Sie mental komplett Ihr Auto verlassen. Wenn Sie nebenher noch so ein wenig im Auto waren, dann war das keine ausreichende Leistung. Wenn Sie gut waren, dann merken Sie das daran, dass Sie jetzt ganz erschrocken feststellen: Oh je, ich sitze ja noch im Auto. Hoffentlich hat das keiner mitbekommen, sonst sperren die mich noch ein. Sie haben sich laut und ausgiebig vorgefreut.

5. Loslassen und auf die Zeichen achten: Vergessen Sie am besten, was Sie eben gemacht haben, und konzentrieren Sie sich auf das, was jetzt zu tun ist. Bleiben Sie dabei im Jetzt präsent. Achten Sie auf Ihre Intuition, vertrauen Sie darauf und lassen Sie das Gespräch fließen.

6. Symbolreinheit schaffen: Dieser Punkt entfällt in der Regel bei spontanen Manifestationen. Der Profi ist in der Regel ohnehin symbolrein. Symbolreinheit sollte Sie Ihr ganzes Leben begleiten.

7. Ständig das Gefühl halten und gegebenenfalls umwandeln: Bleiben Sie stoisch die ganze Zeit über in Ihrem super Gefühl. Das wird sich zusätzlich auch noch auf Ihren Gesprächspartner mit übertragen.

Das GLÜCKMACHEN leben

Mit der Zeit gehen Ihnen die einzelnen Punkte in Fleisch und Blut über. Der gesamte Prozess mit seinen sieben Schritten fließt in einen einzigen zusammen. Wenn ich mich zum Beispiel ins Auto setze, dann läuft der gesamte Prozess blitzschnell ab. Ich will sicher, entspannt und gut gelaunt zu Hause aussteigen. Ich mache mir nichts aus den profanen Wünschen nach Anerkennung, Kontrolle und Sicherheit. Es steht mir zu. Ich erlebe kurz die Freude des entspannten, gut gelaunten Aussteigens zu Hause vor, verbunden mit einem tiefen Gefühl der Dankbarkeit. Ich freue mich, lächle und fahre los ...

Das ist die alltagspraktische Komponente des GLÜCKMACHENS. Wir werden zum Meister unserer Emotionen und bestimmen, was uns widerfährt. Auch wenn Sie nicht alle Punkte ständig im Kopf haben und nicht alle 21 Glücksaktivitäten persönlich umsetzen, so sollten Sie jedoch in Ihrem Alltag den Prozess so weit wie möglich zu Ihrem ständigen Begleiter machen. Dann sind Sie ständig gut drauf.

Bedenken Sie immer, dass Sie in Ihrem Kopf mit Ihrem eigenen, individuellen Weltsimulator leben und dass fast alles eine Frage der Sichtweise ist. Wir können alles auch anders sehen, und wir können meistens eine glückliche Sichtweise annehmen. Überlassen Sie Ihr Glück nicht dem Zufall! Bedenken Sie, dass Sie jede Situation in Ihrem Leben absichtsvoll glücklich gestalten können.

An dieser Stelle sei nochmals das Zitat von Meister Eckhart genannt, er hat die Kurzform zum Manifestieren vor 1300 Jahren perfekt in einem Satz zusammengefasst:»Wenn die Seele etwas erleben möchte, dann wirft sie das Bild dieser Erfahrung nach außen und geht dann in dieses Bild hinein.«

Also, egal, was Sie erleben oder erfahren möchten, erleben Sie es kurz vor, als wäre es bereits geschehen. Das ist mehr, als sich ein Ergebnis vorzustellen. Ein Ergebnis ist eine Sache, die Ihnen im Prinzip vollkommen egal ist. Es geht immer um das, was Sie erfahren wollen, es geht um die Gefühle, die Sie erleben wollen. Besser also: Erfühlen Sie es vor!

Wenn Sie zum Einkaufen gehen, dann (immer vorausgesetzt, Sie fühlen sich glücklich) bedenken Sie einfach: Welche Erfahrung möchte ich gleich machen? Bedenken Sie weiterhin, dass keine Wünsche nach Anerkennung, Kontrolle oder Sicherheit darunterliegen. Denn dann ernten Sie das Gegenteil dessen, was Sie wollen! Wenn das geklärt ist, dann erleben Sie einfach das, was Sie erfahren wollen, dankbar in der Rückblende vor.»Ich bin so dankbar, dass ich solch einen Spaß beim Einkaufen hatte, etwas Neues gefunden habe, was mir total Freude macht, und ein aufbauendes Gespräch mit einem netten Menschen führte.« Erleben Sie diese Freude einfach kurz vor und gehen Sie dann in die Einkaufssituation hinein. Sie werden merken, dass Sie dieses Ergebnis wahrhaftig ernten werden, und nehmen immer mehr Ihre Macht und den Glauben an Ihre Macht an. Wenn Sie diesen Prozess vor all Ihre Tätigkeiten setzen, wird Ihr Tag zu einem einzigen schöpferischen Gebet.

Gehen Sie zu keinen Freunden, Einladungen oder sonstigen Situationen mehr, ohne sich die gewünschten Gefühle, die Sie ernten wollen, vorher zu erschaffen. Als Nebenprodukt ernten Sie auch noch die materielle Welt hinzu. Und vor allen Dingen: Beginnen Sie keinen Tag mehr, ohne sich vorher ganz einfach zu überlegen, welche Erfahrungen Sie machen wollen. In Ramthas *Das Manifestieren* heißt es: »Kein Meister ist es wert, Meister genannt zu werden, der seinen Tag dem Zufall überlässt!«

Glücksstudien

Um dem Thema Glück noch ein paar aktuelle Fakten hinzuzufügen, stelle ich Ihnen nun die neueste mir bekannte Studie zum Thema Glück vom August 2009 vor. Diese Studie wurde von Richard Pfeifer im Rahmen seiner Abschlussarbeit zum Bachelor of Arts durchgeführt und erfüllt alle Kriterien einer repräsentativen Studie.

Die soziodemografischen Parameter

Insgesamt wurden bei dieser Studie 32,6 Prozent weibliche und 67,4 Prozent männliche Teilnehmer befragt. Das Alter der Befragten war in vier Gruppen unterteilt:

- 18 bis 25 Jahre
- 26 bis 39 Jahre
- 39 bis 60 Jahre
- über 61 Jahre

In der folgenden Grafik wird die Anzahl der Befragten in den verschiedenen Altersgruppen dargestellt (alle Grafiken in der Darstellung von Richard Pfeifer).

DER GLÜCKMACHER

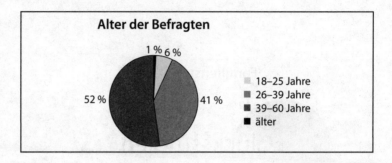

Der Fokus wurde also auf die Gruppe der 26- bis 39-Jährigen gelegt, gefolgt von den 39- bis 60-Jährigen.

Von den männlichen Teilnehmern befanden sich

- 3,62 Prozent im Alter zwischen 18 und 25 Jahren,
- 47,83 Prozent im Alter von 26 bis 39 Jahren,
- 46,38 Prozent waren zwischen 39 und 60 Jahre alt,
- 2,17 Prozent waren über 60.

Bei den weiblichen Befragten ist eine ähnliche Verteilung gegeben. Hier befanden sich

- 10,45 Prozent im Alter zwischen 18 und 25 Jahren,
- 26,87 Prozent waren zwischen 26 und 39,
- 62,68 Prozent zwischen 39 und 60 Jahren.

Die Unterteilung in diese vier Altersgruppen sowie in männliche und weibliche Teilnehmer ist wichtig, da eine möglichst genaue Zielgruppenanalyse vorgenommen werden sollte.

Bei dieser Studie wurde darauf geachtet, dass jede Personengruppe angesprochen wurde. Dies bedeutet, dass bei der Befragung auf den Familienstand sowie auf die Schuldbildung und das Arbeitsverhältnis Rücksicht genommen wurde, um somit ein möglichst repräsentatives Ergebnis zu erhalten.

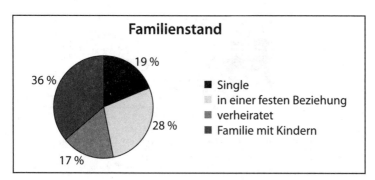

Zum Familienstand zeigt sich, dass 19,02 Prozent der Teilnehmer Singles waren, 27,80 Prozent in einer festen Beziehung lebten, 17,07 Prozent verheiratet waren und 36,10 Prozent eine Familie mit Kindern haben. Somit ist bestätigt, dass alle Arten von Familienständen berücksichtigt und befragt wurden.

Die Schuldbildung der Befragten ist ein weiterer Aspekt, der berücksichtigt wurde. Hierbei zeigt der Querschnitt durch die Befragten, dass

- 20, 00 Prozent der Teilnehmer einen Hauptschulabschluss,
- 35,12 Prozent einen Realschulabschluss,
- 23,90 Prozent Abitur,
- 20,98 Prozent einen Hochschulabschluss haben.

Das Arbeitsverhältnis der Befragten ist ebenfalls wichtig, da die Studie alle gesellschaftlichen Gruppen beachten wollte. Die Teilnehmer konnten hier aus vier Gruppen auswählen: angestellt, selbstständig, arbeitslos, Sonstiges. Die Grafik zeigt die Verteilung auf.

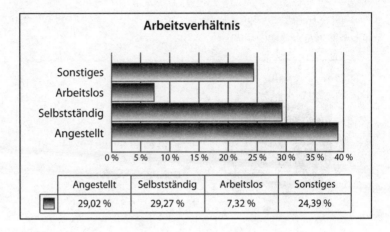

Dies sind die soziodemografischen Merkmale, die bei dieser empirischen Studie berücksichtigt wurden.

Der Glückszustand der Befragten

Wesentliches Ziel der Studie war es, den aktuellen Glückszustand der Befragten und die möglichen Gründe für ihr Glück oder Unglück herauszufinden. Bei der ganz allgemeinen Frage nach dem momentanen Glückszustand konnten wieder vier Kategorien gewählt werden: sehr glücklich, ziemlich glücklich, weniger glücklich oder unglücklich. Durch diese Einteilung ließ sich der normalerweise schwer zu fassende Begriff des Glücks ziemlich genau einteilen.

Mit dem nachstehenden Diagramm wird der aktuelle Glückszustand der Befragten veranschaulicht.

Wie deutlich sichtbar ist, waren die Befragten zum Zeitpunkt der Erhebung relativ glücklich. 14,15 Prozent der Befragten bezeichneten sich als sehr glücklich, und nur 0,49 Prozent der Teilnehmer waren unglücklich. 71,22 Prozent, also die große Mehrheit, waren ziemlich glücklich. Dies beweist, dass der Glückzustand der Teilnehmer weitestgehend gut ist.

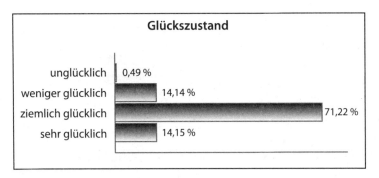

Was fehlt zum Glück?

Durch die nächste Frage wurde geklärt, was den Befragten zum aktuellen Zeitpunkt fehlte, um vollkommen glücklich zu sein. Hierbei wurden sieben Faktoren zur Auswahl gestellt. Dabei ergab die Studie folgendes Ergebnis:

Die Faktoren Erfolg sowie Geld und Wohlstand waren offensichtlich für die Probanden ausschlaggebend für ein glücklicheres Leben.

Macht Geld oder Wohlstand glücklich?

In einer weiteren Frage sollten die Teilnehmer der Studie sagen, ob sie glauben, dass Geld oder Wohlstand glücklich macht. Dabei ergab sich wieder, dass die Mehrheit Geld und Wohlstand einen großen Raum gibt: Mit Ja antworteten 51,85 Prozent, mit Nein 41,46 Prozent, der Rest enthielt sich.

Auswirkung der Finanzkrise auf das Glücksempfinden

In der Studie wurde weiter gefragt, ob die Finanzkrise das derzeitige Empfinden der Befragten verändert hat oder nicht. Hierbei ergab sich Folgendes:

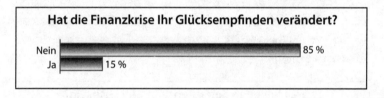

Dies beweist, dass die Finanzkrise keinen Einfluss auf das Glücksempfinden der überwiegenden Mehrheit der Befragten hat. Dabei darf auch geschlussfolgert werden, dass die zunehmende Informationsflut zum Thema Glück nicht durch die aktuelle Krise ausgelöst wurde.

Kann jeder sein eigenes Glück erschaffen?

Die nächste Frage klärte, ob die Befragten davon überzeugt sind, dass jeder Mensch sein eigenes Glück erschaffen kann. Hier kam es zu einem erstaunlichen Ergebnis:

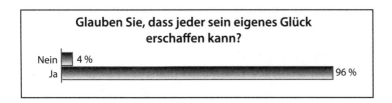

Durch diese Antworten wird deutlich, dass die Befragten sich zum allergrößten Teil für ihr eigenes Glück oder Unglück selbst verantwortlich fühlen. Dies könnte ein geeignetes Argument für potenzielle Seminarteilnehmer sein, denn die repräsentative Studie beweist, dass man an seinem Glück arbeiten kann.

Beschäftigung mit dem Thema Glück

Mithilfe der folgenden Frage wurde geklärt, wer sich überhaupt schon einmal mit dem Thema Glück auseinandergesetzt hat. Die Ergebnisse: 81,46 Prozent der Befragten haben sich schon einmal mit diesem Thema beschäftigt, und nur 18,54 Prozent haben keine Kenntnisse auf diesem Gebiet. Hier ist es wichtig, auch die verschiedenen Geschlechter zu berücksichtigen: Bei den Frauen haben sich 77,61 Prozent schon einmal mit dem Thema Glück befasst, und nur 22,39 Prozent sind uninformiert, was dieses Thema betrifft. Bei den Männern wiederum sind es 83,33 Prozent, die sich mit diesem Thema beschäftigt haben, und 16,67 Prozent, die dies noch nicht getan haben. Das zeigt, dass das Interesse bei beiden Geschlechtern stark ist.

Investition in ein Glücksseminar

Die folgende Frage der Studie ist entscheidend Anbieter der Themen Glück und Glückmachen auf dem deutschen Coaching-Markt. Hier wurden die Teilnehmer befragt, ob sie Geld für ein Glücksseminar oder Coaching ausgeben würden oder nicht. Die Studie ergab Folgendes:

Mit dieser Frage wurde gezeigt, dass die überwiegende Mehrheit der Befragten bereit ist, Geld für ein solches Coaching oder Seminar auszugeben. Um die Zielgruppe genauer bestimmen zu können, wurde hier eine Differenzierung zwischen weiblichen und männlichen Befragten vorgenommen. Bei den weiblichen Befragten kam es zu folgendem Ergebnis:

67 Prozent der befragten Frauen äußerten die Bereitschaft, bereit zu sein, Geld für ein solches Seminar auszugeben. Bei den männlichen Befragten sah es ähnlich aus:

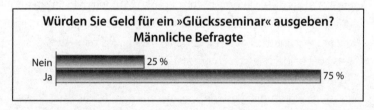

Dies ist für den Coaching-Markt und die Coachs ein sehr zufriedenstellendes Ergebnis. Damit ist bewiesen, dass dieser Markt Potenzial hat und sich hier durchaus noch neue Seminare integrieren lassen.

Seminarthemen

Doch welche Seminare haben das größte Potenzial auf dem deutschsprachigen Coaching-Markt? Für diese Frage wurden den Befragten fünf Seminarthemen zur Auswahl gestellt. Bei diesen fünf möglichen Antworten konnten die Teilnehmer auch mehrere angeben. Die Studie brachte dabei folgendes Ergebnis hervor:

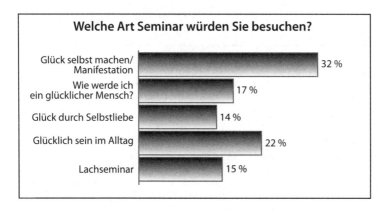

Dies veranschaulicht, welche Themen das höchste Potenzial haben, auf dem Coaching-Markt hierzulande etabliert zu werden. »Glück selbst machen/Manifestation« ist hierbei das von den Befragten am häufigsten ausgewählte Thema. »Glücklich sein im Alltag« dürfte ein weiteres Seminarthema mit guten Absatzchancen sein.

Um herauszufinden, welche Zielgruppe sich für welche Themen interessiert, wurde die Auswertung dieser Frage auch unter Berücksichtigung der Geschlechter vorgenommen. Bei den weiblichen Befragten kam die Studie zu folgendem Ergebnis:

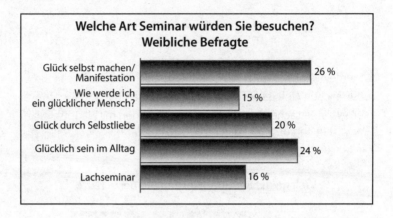

Die Frauen interessieren sich sehr stark für die beiden Themen »Glück selbst machen/Manifestation« und »Glücklich sein im Alltag«.

Bei den männlichen Teilnehmern führte die Frage zu folgendem Ergebnis:

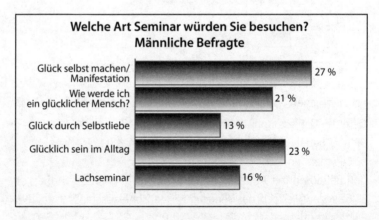

Mithilfe der Grafik sehen wir, dass wie auch bei den weiblichen Befragten die Themen »Glück selbst machen/Manifestation« und »Glücklich sein im Alltag« hohes Interesse wecken. Bei den männlichen Befragten ergab sich noch ein weiteres Seminar, das interessant sein dürfte: »Wie werde ich ein glücklicher Mensch?«

Glück im Zusammenhang mit Schulbildung, Familienstand und Arbeitsverhältnis

Allgemein lässt sich erkennen, dass die die Schulbildung keinen sehr wesentlichen Einfluss auf das Glücksempfinden hat. Erstaunlich war hierbei die Tatsache, dass die befragten Personen mit Hauptschulabschluss mit 90,2 Prozent am glücklichsten waren. Eine Erklärung hierfür könnte sein, dass Hauptschüler später häufig einer körperlichen fordernden Tätigkeit nachgehen. Dabei ist das Ergebnis der Arbeit in der Regel am schnellsten zu erkennen, und ein solches Feedback führt zu einem Glücksempfinden. Ganz anders ist das bei Aktivitäten, bei denen sich oft erst nach Monaten ein Effekt einstellt. Weiterhin haben solche Arbeiten mit dem Körper, dem Bewegen und damit auch mit dem körperlichen Sinn zu tun. Wie Sie lesen konnten, bringt auch das direkt Motivation und damit Glücksempfinden.

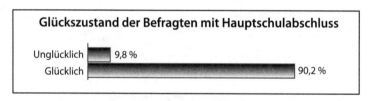

Mit Ausnahme der Hauptschüler lässt sich ansonsten eine Steigerung des Glücksempfindens mit steigernder Schulbildung beobachten. So gaben bei den befragten Personen mit Realschulabschluss 80,6 Prozent an, sich im Großen und Ganzen glücklich zu fühlen. Bei den Befragten mit Abitur waren es lediglich ein Prozent mehr, also 81,6 Prozent, jedoch bei denen mit Hochschulabschluss immerhin 88,4 Prozent. Aber auch diese Zahl ist noch geringer als die bei den Personen mit Hauptschulabschluss. Schulbildung allein macht also offensichtlich nicht glücklich, wenn wir einmal davon absehen, dass sich mit einer besseren Schulbildung natürlich auch leichter eine Arbeitsstelle finden lässt. Dies ist sehr relevant für unser Glücksempfinden. Dass sich die Hochschulabsolventen etwas glücklicher als die

Realschulabgänger fühlen, liegt sicherlich am tendenziell bewussteren Denken und am Feedback, etwas geschafft zu haben.

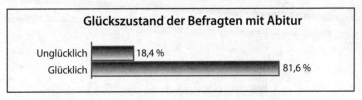

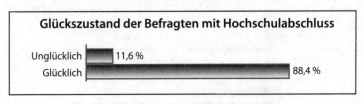

Weiterhin wurde in dieser repräsentativen Umfrage untersucht, inwieweit sich der Familienstand auf das gefühlte Glücksempfinden auswirkt. Erstaunlich an dieser Auswertung war, dass auch die »Nur-Singles« mit 73 Prozent angegeben haben, sich glücklich zu fühlen. Das sind allerdings immer noch 20 Prozent weniger als bei den Verheirateten, bei denen immerhin 93,2 Prozent angegeben haben, sich glücklich zu fühlen. Das Glückshormon reagiert zwar auf Unterschiede, wie wir festgestellt haben, jedoch scheint ein solides, festes, soziales Umfeld noch wichtiger zu sein. Auch eine feste Beziehung macht mit 86,8 Prozent um immerhin 13,8 Prozent glücklicher als das Single-Dasein, kommt jedoch auch an die Verheirateten nicht heran.

Erstaunlich war weiterhin die Auswertung der Familien mit Kindern. Hier gaben lediglich 84,3 Prozent an, sich glücklich zu fühlen. Also weniger als Verheirate und auch sogar noch weniger als die Befragten, die in einer festen Beziehung leben. Kinder machen nun einmal nicht nur Freude. Der Grund, dass das Glücksempfinden in Familien dennoch relativ hoch war, liegt sicherlich an dem tieferen Sinn im Leben, den uns Kinder vermitteln können.

Im Übrigen deckt sich diese Auswertung sehr gut mit vielen anderen Untersuchungen, die besagen, dass wir für unser Glück Liebe, Partnerschaft und ein solides soziales Umfeld benötigen.

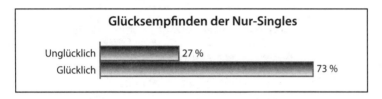

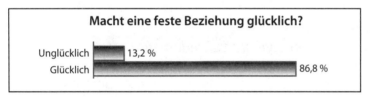

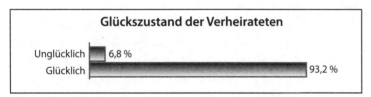

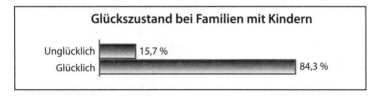

Auffallend ist das Ergebnis der Befragung in Bezug auf das Arbeitsverhältnis. Arbeit zu haben gibt uns Sinn und einen Wert in der Gesellschaft. So gaben 91,2 Prozent der befragten Personen im Angestelltenverhältnis an, dass sie sich im Großen und Ganzen glücklich fühlen. Bei den befragten Personen ohne Arbeitsverhältnis waren es lediglich noch 40 Prozent. Arbeiten macht eindeutig glücklich.

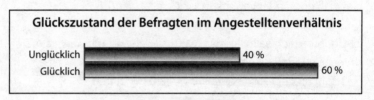

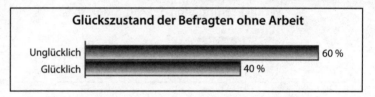

An welchem Ort sind wir am zufriedensten?

Dass der Ort, an dem wir leben, einen Einfluss auf unser Glücksempfinden hat, kann sicherlich jeder bestätigen, der schon einmal durch Deutschland gereist ist. Das Stuttgarter »Institut für rationale Psychologie« errechnete einen Glücksquotienten aus der persönlichen Auskunft und den objektiven Lebensumständen und sicherte die Daten durch die Messung von Herzschlag, Atemfrequenz und Hirnaktivität ab. Unter den Großstädten ergab sich folgende Platzierung, wenn es um das Glück der Bewohner dieser Orte geht:

1. München
2. Stuttgart
3. Basel
4. Wiesbaden
5. Graz
6. Zürich

In der Großbefragung »Perspektive Deutschland« suchten der *Stern* und das ZDF eine Antwort auf die Frage: Kann man in Ihrer Region alles in allem sehr gut leben? Die Reihenfolge der Regionen auf den vordersten Plätzen, in denen am häufigsten Ja geantwortet wurde, lautete:

1. Bodensee-Oberschwaben
2. Südlicher Schwarzwald
3. Region Garmisch-Tegernsee
4. Region Stuttgart

Zum Abschluss

Wenn wir lediglich die Ergebnisse der Umfragen zugrunde legen, dann sollten wir für unser Glück:

- Geld und Wohlstand haben,
- daran glauben, dass jeder sein eigenes Glück erschaffen kann,
- uns mit dem Thema GLÜCKMACHEN beschäftigen,
- einen Hauptschul- oder in Verbindung mit den besseren Arbeitsmarktchancen auch einen Hochschulabschluss haben,
- kinderlos und verheiratet sein,
- eine sinnvolle und feste Arbeit haben,
- in München oder in der Bodensee-Region Oberschwaben leben.

Dass das nicht auf jeden passt und nicht für jeden umsetzbar ist, ist logisch. Am besten sehen Sie die Ergebnisse der Studie als unterhaltsame und aufschlussreiche Informationen und richten sich in Ihrem Leben nach den 21 Glücksaktivitäten. Dazu halten Sie sich an die Empfehlungen zum Manifestieren und machen so Ihr Glück einfach selbst.

Dabei wünsche ich Ihnen viel Erfolg!

Ihr Helmut Pfeifer

Literaturverzeichnis

Castaneda, Carlos: *Das Wirken der Unendlichkeit*, Fischer Taschenbuch Verlag, 2004
Csikszentmihalyi, Mihaly: *Flow. das Geheimnis des Glücks*, Klett-Cotta Verlag, 1999
Dwoskin, Hale: *Die Sedona-Methode*, VAK Verlag, 2006
Elten, Jörg Andrees: *Ganz entspannt im Hier und Jetzt*, Osho Verlag, 2000
Giacobbe, Giulio Cesare: *Wie Sie Ihre Hirnwichserei abstellen*, Wilhelm Goldmann Verlag, 2005
Goswami, Amit: *Das bewusste Universum*, Alf Lüchow Verlag, 2007
Hawking, Stephen: *Das Universum in der Nussschale*, Hoffmann und Campe, 2001
Hawkins, David R.: *Die Ebenen des Bewusstseins*, VAK Verlag, 2005
Holitzka, Marlies und Klaus: *Der kosmische Wissensspeicher*, Schirner Verlag, 2002
Klein, Stefan: *Alles Zufall*, Rowohlt Verlag, 2004
ders.: *Die Glücksformel*, Rowohlt Verlag, 2002
Köhler, Hans-Uwe L.: *Best of 55*, Gabal Verlag, 2005
ders.: *Das 7. Gesetz*, Gabal Verlag, 2007
ders.: *Sex sells*, Gabal Verlag, 2006
Masaru, Emoto: *Wasser und die Kraft des Gebets*, KOHA Verlag, 2005

Müller, Mokka: *Das vierte Feld*, Econ Verlag, 2001
Norretranders, Tor: *Spüre die Welt*, Rowohlt Verlag, 2000
Pfeifer, Helmut: *Geheimwaffe Rhetorik*, DVD, NTM TV, 2001
ders.: *Power ja – Stress nein*, mvg, 2001
ders.: *Völlig losgelöst*, mvg, 2002
ders.: *Ziele. Alles, was du willst*, Hörbuch, Pfeifer Seminare, 2006
Ramtha: *Das Manifestieren*, In der Tat Verlag, 2005
Russel, Peter: *Quarks, Quanten und Satori*, J. Kamphausen Verlag, 2002
Schneider, Wolf: *Glück!*, Rowohlt Verlag, 2007
Stark, Peter: *Zwischen Leben und Tod*, Rowohlt Verlag, 2002
Tipping, Colin C.: *Ich vergebe*, J. Kamphausen Verlag, 2005
Tolle, Eckhart: *Eine neue Erde*, Wilhelm Goldmann Verlag, 2005
Walsch, Neale Donald: *Glücklicher als Gott*, J. Kamphausen Verlag, 2008
Wiest, Friedrich: *Das Feld der Ähnlichkeiten*, Carl-Auer-Systeme, 2003
Wolinsky, Stephen: *Quantenbewusstsein*, Alf Lüchow Verlag, 1996

Danksagung

Zum Gelingen eines Projektes, insbesondere eines Projektes, das sich über viele Jahre hinzieht, dazu bedarf es vielerlei Helfer. Zunächst einmal möchte ich mich bei meinen vielen Seminarteilnehmern, immerhin über 80 000 seit 1988, bedanken. Sie haben mir durch viele kritische Rückfragen sehr geholfen, Klarheit in ein solches wachsweiches Thema wie das Glück hineinzubringen. An dieser Stelle auch noch einmal mein Dank an die Seminarteilnehmer, die ich – zum Teil mit und zum Teil auch ohne ihr Wissen – als Versuchskaninchen benutzen durfte.

Auch die vielen kritischen Gespräche, die ich mit meinen »philosophischen Freunden« führen durfte, haben in manch durchdiskutierten Nächten sehr zum Gelingen dieses Buches beigetragen. Besonders erwähnen möchte ich dabei Gerald Peter Ritzberger, der mir sehr viele Impulse zum holistischen großen Ganzen gegeben hat.

Dank an Rolf Kaiser, der mich durch seine vielen Fragen fast zur Weißglut getrieben und mich provoziert hat, das Buch entsprechend zu strukturieren. Dank an Werner Zipperle, dessen (wohlgemeinte) Kritik jedes Mal so subtil wie ein Güterzug war und meinen Intellekt bis auf das Äußerste herausgefordert hat.

Und nicht zuletzt danke ich meiner Freundin und Gefährtin Liane Sprissler, mit der ich in den letzten Jahren fast unentwegt (zumindest, wenn wir nicht mit praktischen Glücksaktivitäten beschäftigt waren) über dieses Buch diskutiert habe. Sie hat in einer unglaublichen Geduld die jeweils fertigen Kapitel kritisch gelesen und mit ihren vielen Anregungen wertvolle Impulse beigesteuert. Auf diese Weise hat sie sehr zum Gelingen dieses Buches beigetragen.

Wie geht's weiter?

Vorträge, Seminare und individuelles Glückscoaching!

Besuchen Sie unsere Glückmacher-Schmiede am Bodensee.

www.derglückmacher.de

Wir bieten:

Individuelles Glückscoaching | Bewusstseinstraining, um die optimalen Entscheidungen in allen Belangen des Lebens treffen zu können | Auflösen von Erfolgsblockaden | praktisches, sofort umsetzbares Manifestieren | Lebensidealentwicklung | Lebensberatung | mentales Training | Visions-, Kreativitäts- und Glückszustandsentwicklung durch freiwillige sensorische Deprivation (eine Jahrtausende alte Technik von Mönchen, mit deren Hilfe Spitzensportler in der noch tiefereren REM-Phase der Theta-Wellen lernen, die eigenen Grenzen zu überwinden) | mentale Neuprogrammierung | Workshops | Ausbildung zum Glückscoach

Pfeifer Seminare + Consulting
Untere Seestr. 124
88085 Langenargen
Tel: 07543/939877-0
Fax: 07543/939877-50

E-Mail: info@pfeifer-seminare.de